周蓓 主編

專題史叢書

沃邱仲子 編

河南人民出版社

民國十年官僚腐敗史

揭示了民初社會官場種種腐敗醜惡現狀。對民國十年官僚腐敗歷史的無情揭露，能引起今天的人們震驚

圖書在版編目(CIP)數據

民國十年官僚腐敗史 / 沃丘仲子編. —鄭州 :
河南人民出版社, 2016. 4(2017. 7 重印)
(專題史叢書 / 周蓓主編)
ISBN 978-7-215-10104-3

Ⅰ. ①民… Ⅱ. ①沃… Ⅲ. ①北洋軍閥政府-史料
Ⅳ. ①K258. 206

中國版本圖書館 CIP 數據核字(2016)第 082734 號

河南人民出版社出版發行
(地址：鄭州市經五路 66 號　郵政編碼：450002　電話：65788063)
新華書店經銷　　河南新華印刷集團有限公司印刷
開本 710 毫米×1000 毫米　1/16　印張 12. 25
字數 180 千字
2016 年 4 月第 1 版　　2017 年 7 月第 4 次印刷

定價 ：77. 00 圓

出版前言

中國現代學術體系是在晚清西學東漸的大潮中逐步形成的。至民國初建，中央政治權威進一步分散和削弱，加之新文化運動帶給國人思想上的空前解放，新學的啓蒙，新知識分子的産生，民國學術如草長鶯飛，進入一個自由而蓬勃的時代。中國傳統學科乃中國學術之根基與菁華所在，民國學人采用『取今復古，别立新宗』之方法，引入西方的學術觀念，積極改造，使史學、文學等學科向現代學術方向轉型。此外，大力推介西方社會科學的新學科和自然科學，在學習、借鑒乃至移植西方現代學術話語和研究範式的過程中，逐漸建立中國現代學科，使中國的學科門類迅速擴展。一時間，新舊更迭，中西交流，百花齊放，萬壑争流，開創了中國現代學術的源頭。

伴隨知識轉型和研究範式轉换而來的，還有學術著作撰寫方式的創新。中國古代的著作向來以單篇流傳，經後人整理匯編後，方以成册成集的面目出現并持續傳播。直到十九世紀末，東西方的歷史編撰體裁不外乎多卷本的編年體、紀傳體和紀事本末體等，章節體的出現標志着近代西方學術規範的産生和新史學的興起。章節體具有依時間順序，按章節編排；因事立題，分篇綜論；既分門别類，又綜合通貫的特點。以章、節搭建起論述之框架，結構分明，邏輯清晰，較傳統的撰寫體裁容量大、系統性强。它的傳入，使中國現代學術體系從内容到形式被納入了全球化的軌道。民國時期專題史的研究、譯介、編纂、出版恰恰是在這樣的背景下欣欣而發，是學術的實驗場，也是歷史的記録儀。編選『民國專題史』叢書的初衷正是爲了從一個側面展示中國學術從傳統向現代過渡的歷史進程。

專題史是對一個學科歷史的總結，是學科入門的必備和學科研究的基礎，也是對一個時代艱深新鋭問題的解答，是學術研究的高點。民國專題史著作中，既包含通論某一學科全部或一時代（區域、國别）的變化過程的，又囊括對一時代或一問題作特殊研究的，還有少部分是對某一專題的史料進行收集的。原創與翻譯并重，翻譯的底本大多選擇該學科的代表著作或歐美大學普及教本，兼顧權威性和流行性，其中日本學者的論著占據了相當比重。日本與中國同屬東亞儒家文化圈，他們在接納西方學術思想和研究模式時，已作了某種消化與調適，從思維轉换的角度看，更便于中國借鑒和利用，他們的著作因而被時人廣泛引進。

與當代學術研究日趨專業化、專門化、專家化的『窄化』道路迥乎不同的是，中國傳統學術崇尚『學問主通不主專，貴通人不尚專家』的通識型治學門徑，處于過渡轉型期的民國學術在不同程度上保留了這種特徵。民國學術大師諸學科貫通一脉、上千年縱横捭闔之功力自不待冗言，外交家著倫理政治史、文學家著哲學史、化學家著戰争史等亦不乏其人，民國專題史研究呈現出開放、融通、跨界撰述的特點。與此同時必須看到，自晚清以來，中國的命運就在外侮屢犯、内亂頻仍的窘境中跌宕彷徨，民族存亡仿若命懸一綫。這股以創建學科、總結經驗、解决問題爲指歸的專題史出版風潮背後，包裹着民國學人企望以西學爲工具拯民族于衰微的探索精神，及以學術救亡的愛國之心。梁任公曾言：『史學者，學問之最博大而最切要者也，國民之明鏡也，愛國心之源泉也。』這種位卑未敢忘憂國的歷史使命感和國民意識是今人無法漠視和遺忘的。

『民國專題史』叢書收録的範圍包括現代各個學科，不僅限于人文社會科學，學科分類以《民國總書目》的分科爲標準，計有哲學、宗教、社會、政治、法律、軍事、經濟、文化、藝術、教育、語言文字、中國文學、外國文學、中國歷史、西方史、自然科學、醫學、工業、交通共19個學科門類。本叢書分輯整理出版，内不分科，單本發行，方便讀者按需索驥。既可作爲大專院校圖書館、學術研究機構館藏之必備資源，也可滿足個人研讀或興趣之收藏。

與目前市場已有的一些專題史叢書相比，『民國專題史』叢書具有規模大、學科全、選本精、原版影印的特點。本叢書選目首重作者的首創、權威和著作影響力，尤其注重選本的稀見性。所謂稀見，即建國後没有再版，且多數圖書館没有收藏，或即便有收藏，也是歸于非公開的珍本之列予以保存，普通讀者難以借閱。部分圖書雖有電子版，但作爲學術研究的經典原著讀本，紙質版本更利于記憶和研究之用。本叢書精揀版本最早、品相最佳的原版圖書作爲底本，因而還具有很高的版本收藏價值。

『民國專題史』的著作是民國學者對于那個時代諸問題之探究，往往有獨到之處，無論其資料、觀點短長得失如何，要之在中國現代學術史的構建與發展進程中，自有其開宗立論之地位。

民國十年官僚腐敗史目錄

公府之黑暗　外交部之營私
內務部之弊竇　財政部之搜刮
陸軍部之秘幕　海軍部之私黨
司法部之秘密　教育部之窘狀
農商部之內幕　交通部之闊綽
參謀部之冷煖　將軍府之笑史
審計院之秘記　平政院之伴食
大理院之弊端　稅務處之豐富
蒙藏院之別史　鹽務署之積弊
全國烟酒公賣局之底蘊　文官高等懲戒委員會之異聞

附司法官懲戒委員會
附各省通志局
幣制處之黑暗
步軍統領衙門之煊赫
督軍署之威福
交涉公署之異聞
財政廳之別開生面
各關監督署之不可思議
縣知事之刮地皮
高等審檢地方審檢廳之舞弊
附水上警廳各縣警佐
鹽運使署之駭聞
國史館秘記
清史館之內幕
全國水利局之虛僞
京師警察廳之勢餤
省公署之騙諂
教育廳之沉沉死氣
實業廳之黑暗
道尹署之奇妙法術
貨稅所統捐局之索賄
警察廳固位弄權
警備隊之笑談
造幣廠之積弊

民國十年官僚腐敗史

沃邱仲子

公府

公府官僚組織之法開國以來凡五變矣因於中央行政制度上無何等之關繫故人皆以總統之內幕私吏視之在袁氏時代元首專柄故府秘書長之權直駕各部總長而上自黃陂以降元首權漸替公府各職員遂亦爲人所輕中惟秘書長既參機要且有時可代表總統與諸方接洽庶務長以官僚而爲總統經理家事皆非有密切交情者不蒙畀任其他翊衛處禮官處侍從武官處雖不少閑老若蒙滿之王公退閒之上中將等而實際上尚不

如傳宣處之爲人趨奉也又如顧問諮議等固同一位置閒散然頻年內外齟齬疏通奔走端賴羣材所以高等顧問中其能得各省武人信任暨與在野名流通氣者待遇又自不同故此謂名心重者任高等顧問以其苟得機會可出爲督軍省長也利心重者任庶務以其可兼任京師稅務或插入財政機關也名利雙收者任秘書長以其一量移間必爲閣部總長也至禮官侍從等則近於養老院過問者漸鮮矣

秘書廳不僅掌管文牘凡事皆得先聞猶省公署之政務廳也爲其長者必元首之心腹文學政事才所弗計也以酬應煩劇薪俸不足供用故必兼營他職或以子弟分綰腴饒所屬亦分曹辦事而以書札聯額祭弔文褒勳詞及題畫序書諸務爲最煩皆元首私事恐俗吏不諳故必選前清南書房翰

2

林一二人爲主任江湖名士非有內援者莫能久任若近之丹徒某君歷兩任總統而不爲人所排擠者誠罕覯也亦往往有徵逐於歌場酒肆以傳達機密自任者然實不足以擬院秘書廳惟所受外吏餽遺較豐耳

公府庶務處長純粹一總統之大管家也若某任總統時則庶務長且須兼管其貿易及財產故俗又以大掌櫃呼之某甲以前清北省幹吏任公府庶務員二年餘遂擁鉅貲則以經手工程故也歷任庶務長多兼任崇文門稅務歲須以羨餘鉅萬報効總統夫人如夫人男女公子等故諺又稱之爲管家婆惟黃陂任內毫釐不取云

傳宣官猶前清督撫之巡捕得與部院諸官相接消息靈通故位卑而勢重外省軍民長官入覲元首者傳宣處必荐科員荐書記荐軍需及副官等

故一人任傳宣其家之雞犬皆昇至於府中一應吉凶事件爲各省傳遞信息者則庶務傳宣而處事其中多清代直奉兩督署號房若韓某者奉號房之一也

粵人某任大禮官最久蓋以北洋舊僚曾任奉天監司且通英語也論其職掌不過備外使外人覲見而公府筵宴陳設建築等事苟用西式皆歸其經理故禮官中惟彼之權力爲偉

侍從武官專任趨蹌奔走俸入亦薄所望能出外差少資津貼若派赴各省宣慰或犒軍皆可得優厚之贐儀津人李某初隨西林於粵桂繼由陳二安撥入公府其時袁氏接洽龍陸頻遣李將命衆視爲一等紅人焉

國務院

國務院之組織始於民國元年六月以各部總長爲國務員內閣總理爲領袖所屬則秘書廳法制銓敘統計印鑄四局也廳有秘書長秘書各局有局長參事若僉事主事辦事員則廳局皆有之而法制局又有編譯調查印鑄局又有技正技士乃全國行政之總機關也然除國務會議外各部總長對院事從不過問故秘書長局長等祇服從總理能得總理信任者視諸總長若弟兄行甚且勢凌其上觀徐樹錚孫洪伊往事可知矣爲總揆者對外人之交際本黨之私事類甚繁劇每日到院辦公時間至爲短促故大柄恆操之秘書長手近如張志潭等以陸軍次長而兼院秘書長蓋以一身當行政軍事之衝爲各國所未有矣

中國無以政見集合的政黨任以何人組閣所援引之國務員政見必不能

一致故國務會議者不過就本部主管事項陳述一二若事關全局利害則置議者不過陸財內務諸總長農商教育司法等第默默列席其荏弱不喜於事者更可避不出席卽總理亦無一定之權限任以文吏則權絀任以軍人則權重總統與總理親善則國務員皆能依法行使職權府院不睦則事權落於秘書諸人掌握往往頻開會議而不能議決一事總理能兼陸軍或財政則勢力尤偉譬如簡任官之進退亦國務會議事項之一實則會議時鮮見提議一聽元首總揆二人之意見而已公布之國務院組織法徒存其名仍視人爲强弱也

院秘書廳事繁任重在府秘書廳上以印信會計庶務亦其職掌也其撰擬命令者如前清之軍機章京人欲探刺機密必與交結故此輩應酬爲最忙

監印者無論何項公牘皆得入覽亦便傳送消息會計事本不煩以任總理者多黨魁秘長往往爲之支配黨費因是頗勞籌畫而就中霑潤正復不少名爲整理本院庶務實則總理私宅晏會慶弔諸事莫不歸其經理故廳中必有少年精幹漂亮便捷者數輩支拄其間陪侍總理子弟冶游飲博者此輩亦優爲之故雖不必按日趨公而仍得邀上官青睞

法制局掌審定各部院擬訂之法律命令故雖權重要此席例爲留學生所有頗易與各部院齟齬圓融者因仿照前清憲政編查館遺法遇事擇其不關緊要者駁易一二條餘皆如議通過此法一行事日清簡編譯員調查員長日無事雍容坐嘯而已

銓敘局猶清之吏部也所司皆例行事惟審查文官資格可上下其手四年

前有虧帑飭緝之吏夤緣官於別省竟請補知事銓叙局並無糾正人有嘗之者答曰虧帑飭緝案在內財兩部本局不知也實則參事中有其姻婭代爲覆掩又恩給撫恤雖不敢變亂多寡而可緩急任意待恤甚殷者欲求其速議速行亦非請託不爲功至核對履歷驗看憑照亦不免草率了事嘗詢之個中人云前清吏部於各省升遷調補准駁參半近之銓叙有准無駁核履歷驗憑照毋乃多事何怪草率

印鑄在國務院四局中銀錢經手事體爲最多製造公文用紙刊行公報法令職員錄鑄造勳章徽章印信圖記胥其職掌也故於行政上責任較法制諸局爲輕而與總揆接近或佔有其他勢力者每樂就斯席政府公報篇幅寥寥而紙張印刷費視坊肆貴至數倍某任技正時謂經手督造之勳章徽

章多至萬餘枚費不應手祗好偷工減料語爲項城所聞特收入公府比驗至播諸新聞蜀中某將軍所得勳二位勳章中嵌珠寶皆較他人佩者爲巨製亦精絕川託人預爲致意也鑄印爲清代禮部職掌鑄資無可中飽故大小一致無畸輕重者惟領費少資津貼今也不然鑄工殆不可問篆法惡劣尤其餘事矣

統計局依樣葫蘆權利至爲微薄某甲任局長時欲以統計統一事項及統計會議事項操縱各官署於送核表冊多所糾駁內財交三部苦其煩苛爲秘書長言之未幾甲遂他調自是相戒毋多事

外交部

外交部內分一廳三司外則各省交涉公署及駐外公使領事官等遞以國

勢危弱不特外侮御賴友邦之扶持卽內訌亦欲斷與國排難解紛外力日益澎漲往總長者必與元首總揆同心合德始克有濟故外部尊貴豐腴亦不居財交之下特專利在總次長司長參事以下不克與交通比肩矣

總務廳分文書統計會計庶務出納五科電報圖書兩處惟庶務會計兩科掌管本部官產官物度支經費及直轄各官署之會計所司經費歲數百萬其闊綽遂爲全部之冠庶務員日往來於利威烏利文六國飯店之間故私居陳設之奇麗煙酒之芳洌大有歐洲貴族之風餘則通商司可干預關稅外債事項所入亦豐然稅權爲稅務處所專外債不能恆借且秘密借款各部自由交涉往往迨事成外部始知大概宜梁敦彥以外務部爲繙譯處矣

交際司禮儀接待兩科主招待外賓而每值國慶及諸典禮大讌開支鉅費

皆庶務會計管理交際司不得過問職是易生衝突往往臨時指摘其佈置之未週甕以爭一白縐綢彼此大鬥著者親聞之商約科粵東某君蓋每啓晏餐台中置新白縐綢一條安花瓶果盞於上事後即爲庶務員所有一日招待科某甲欲取之庶務謂爲向例所無致大參商人傳以爲笑云

交際司又有勳章科專管核准本國官民收受外國勳章及駐在本國之各國官吏僑民等敘勳事項職司之簡爲各部所無有猶太富商酷慕中國榮典以助工振由外吏請獎特交部核覆適某任科長爲之狂喜意以鉅金可以立致久之殊無爲道地者數託人示意展轉往復僅得三百圓爲酬頹喪彌月不接賓客

政務司專理政治交涉略無活動餘地而界務裁判訴訟交犯等事及在外

本國人關係民刑法律事項皆無國際法可循宜某君稱爲嘔氣司然各省交涉公署行政事務之准駁强半皆操之此司故天津迄瓊州四十三公署俱服從政務司命令唯謹焉

內務部

內務兼有前清吏戶工民四部之權事務繁賾冠於各部總務廳外有民治職方警政土木禮俗衛生公司每司分設四科或五科主事多至九十人朱啓鈐任部事時銳意市政土木司公務旁午司官無一非總長之戚友以有調查直轄工程及補助地方工程經費二事鈎稽綜覈全權是寄前清京師木商無不交結內務府官吏者今則無不交結土木司者雖包工亦用投標立合同工竣亦派員驗收然有投標以最廉價而被屏者若被詰難則曰是

曾調查其人浮爲不足信也每一工程出諸大木商預得信息投標特敷衍門面而已個用有九扣九五之分驗收費閒亦取給於是差收用土地發價尤多弊竇故內部權利終以此司稱首近聞以經費支絀諸工程多停不舉辦故漸趨冷寂本部所管經費爲總務廳職掌所以土木司必與會計科合手非是者核發工費時必生扞格而近亦少齟齬清釐非復項城時代比矣各省任用知事等官本內部職司近則實權爲省長所有特任命時咨由內部呈請耳然與總次長有關繫者必任優缺參事司長有關繫者亦可得差委此爲內部特有權利他部所弗逮也民治司主管地方行政及經濟事項又地方自治團體及其他公共團體行政及經濟事項所包者甚廣而其權終爲省公署所分惟辦理選舉事與諸政黨有連少可活動耳職方司主收

放官地爲人所垂涎而實際上中央並無何等權力一聽省吏收放第墾荒公司資力較大者無不與內部通氣預備爲抵制地方官之後盾職方諸員賴有此耳

其足與土木司匹敵而勢力尤偉者警政司是也全國警察舉歸其管轄近各商埠及省會警廳長歲入豐富直擬稅關監督顯不實不盡而因內部絕無考核其故可想稽察著作出版亦其責任而視爲無關重要邇來淫僞出版物觸目皆是教育部倘能通令禁止學生購閱內部從不過問四川某君前清民政部外城廳僉事也入民國仍供職內務嘗告著者民治司管救災拯濟及習藝感化所等大體爲貧民而設可名之曰乞丐頭警政司主管警察受諸廳長之承迎趨奉而諸廳長又受烟賭等項之供養可名之曰流氓

頭謔而虐矣。近年新藥暢行，大都不中不西之贋品也。少有效力者，無不參入嗎啡，苟呈請化驗衛生司，莫不照發憑照，或謂此卽生財之一道。然京師取締僞藥、春藥，尚較外省爲嚴，則警署之力也。北京地方醫院亦歸部轄，經費由司綜覈。每籌辦防疫，則司中人忙碌異常，而皆欣欣有喜色。前清庚戌辛亥之交，東三省京津辦理防疫，用帑二百萬，官吏大獲保獎，以今例昔，蓋同揆也。

財政部

前清戶部之弊在吏胥，自改度支，少少清釐。及民國成立，上下交征財政，一部百弊叢集，視戶曹爲尤甚。陳錦濤以名人任總長，而以墨敗爲法吏所拘，他可想矣。總務廳外有賦稅、會計、泉幣、公債、庫藏五司，總長稱爲內閣台柱，閣緝之嘗官日視公府若家庭聲勢奕赫然亦最易結怨少欲裁汰浮費則四面楚歌若諸軍隊更難敷衍大約居此席者必略具外交手腕可以議借外債而又兼得武人驩心則勝任愉快矣其所入之豐視前清尚書奚止十倍而有時須代元首總揆塡補虧空往者張謇庵躊躇不敢遽任正爲防此一著其兩次長亦視他部富有實權蓋總長不盡善外交必賴次長中有一人與洋商或公使接近也自入民國人材消乏已達極點獨理財家輩出若周學熙熊希齡張弧張壽齡李思浩等皆自命專家司員中亦蔚爲風氣其把持部務大有清同光間戶部四大金剛之風雖黨勢不若交通之熾而總次長必與客氣周旋自近二年已然矣

總務廳分四科七課機要科可參預借款司會科掌管本部經費皆總長親

信所任財部直轄官署最多其會計皆歸總務廳稽核求無斥駁必先應酬電務謄錄兩課事煩而權微宜周緝之視之爲可憐蟲焉

賦稅司、掌征賦及土地清冊會計司、掌預算決算及支付事項泉幣司、掌貨幣紙幣及監督銀行職任並煩重然賦稅司與征收官吏除常關監督外餘均由財政廳間接故外省稅員中飽雖多司官不能分潤毫末也會計司職掌易與審計院發生衝突故司中官吏恆結好於審院之第一廳蓋有法財兩部人員交惡因於編製預算時將司法經費故意漏截若干條以爲報復計亦會計司所爲也泉幣司管理造幣廠及各銀行實際上較富權利中國銀行爲國家銀行性質自與本部有密切關係此外則交通殖邊勸業三行在直接監督之列若山西晉勝銀行東三省官銀號等二十五行號亦由部派監理監督之皆受成於泉幣司焉某甲任司長時兩弟一子一壻皆執事銀行表弟則供差天津造幣廠至整理幣制調查金融不過譯書抄報而已公債司事務極清簡私入極豐厚人稱之爲福地焉開國以來國家發行公債不過五次當民窮財盡之日民間殊鮮購票者八釐公債原欲借以抵押外款不成則爲諸要人所分聞實收不及四成其他六厘債票袁氏當國時直由各地方官攤派勒認其餘則爲大僚軍官分購價格亦在實收四五成之間及洪憲禍作中交擱淺信用盡失七年債票直無人過問而仍報售罄其中黑幕不揭自破矣此種債券流入外人手者甚多其挪移以供政府植黨買報收買異已之用者亦復不少皆由司中經手故司員皆有債券若干在橐至短期證券尤多弊溷某君京師竹枝辭所謂紙券初頒押品賤酒樓

高宴債務多部指此也

庫藏司掌收納支發且有管理政府各種基金及監督出納官吏之權事煩任重諺所謂當家官也但有時所抱痛苦亦較他司爲甚自民國四年後軍費日增中央收入專恃鹽稅餘款當然杯水車薪不供支持總次長手腕少靈敏者每屆月終或年節關必能預向銀行挪借屆時庫藏司戶限爲穿儼然香港之滙豐銀行事過則門前冷落大約一年之內司中必有數十日忙亂餘日則照式登記表簿作刻板文章而已某君任僉事時自謂打聽借款成否乃司員唯一天職無論大小苟有一宗外債到手先儘强有力者提用然後以之敷衍各部署行政經費此時有請託兜攬者有求免核減者有乞清結積欠者雖至無權之司官宅中亦復臣門如市焉

有清末造載澤掌度支實行財政獨立內閣不敢干涉部事民國則周緝之長部時本袁氏姻婭又敢先以長電譏祇黃興風采更著梁燕孫長部時得交通系之援助取攬有自指揮如意此爲財部全盛時代梁出前後從馬十三騎色皆純白京諺所謂遙看白馬十三匹知是黑心總長來是也其時堂窰園館第一流爲總統府人員次則財部諸軍官反居其下迨洪憲取銷中央財力一落千丈梁任公號稱段氏至交其實權力有限自是而降純以拖欠挪移度日頻受武人攻擊龔仙舟自謂飽嘔了五個月氣而逐臭者仍趨之若惑不及其爲膴仕不察可知矣

20

陸軍部

民國成立軍談燕天陸軍部有管理全國陸軍軍政之權宜有無上權力冠

冕各部然一進窺其實際則尚不足以擬內務遑論財政交通蓋軍權純粹爲經略巡閱督軍所操初不服部節制其直隸部轄者亦師自專政西南固與中央脫離關繫卽北軍之在前敵者亦非陸部所能調遣觀於吳子玉以一師長總統且無如之何其他可想段芝泉任總長時聲勢較盛段香巖靳翼青雖稱紅人然次長以下權力大減矣

總務廳外分軍衡軍務軍械軍學軍需軍醫軍法軍牧八司無僉事主事而易以科長科員副官法官等副官居總務廳者皆總理親信充任秘書參事亦如之本部軍官佐等任用事項舉總務廳職掌故諸員升遷降黜其消息必於廳中探之宜厥勢重

軍衡軍需軍務三司事皆至繁然軍衡所掌皆例案直奉行故事而已某君

任科員時應事以月老祠聯揭諸壁蓋所掌則軍人結婚事也軍官佐及軍用文官之任免雖事隸軍衡然前清末年將官遷黜補充權尚操於陸部今則純由督軍師長爲政矣

軍務司掌編制訓練及要塞輸運等項戰時事尤煩頻年內訌故此司軍書旁午非學堂出身者不能濫竽前代文人重科第因之師生誼篤近則文官罕有此習而移之於武人焉大約科長科員等非總長之門生小門生即次長之門生非具淵源者殆不得入門軍需司直接管轄各師之軍需官服裝糧秣均歸其經理檢查製造購買所入自較諸司爲豐边年運辦軍米特尸其名實無異商販部發護照往往爲人留難弊更可知陸軍用地亦本司管轄邇來範圍愈大利權亦隨之而增惟值財政奇窘時代請款多不應手亦

每有愁面相對之日特可諉責財部耳

軍醫軍牧兩司事爲至簡而軍牧司每值有轄諸師購馬尚小有起色與醫則祇塡寫統計調查表而已數年前津人某官此司建議欲大考各省各師軍醫獸醫等切實甄別風聲所播諸醫官大起恐慌不知以何法運動事竟中止

軍學司管轄武學審定教科書自入民國武學減少司事不繁然近畿各陸軍學校校長非得軍學司歡心者即難免辦事掣肘往年蔣方震致以此自戕至全體學生指控軍學司司長其近鑒也司中又有纂譯官四人掌纂譯操典教範自歐戰作而軍學日益發明纂譯人員以迻譯爲煩要求增員否則加薪竟爲某次長斥駁諸員相率擱筆稍有譯述亦直抄東報而段黨乃自

矜軍學日有進步宜爲呂公望所笑矣

軍法司本司高等軍法會審而武人無一服中央之裁判者則可斷言若依軍法傳良佐范國璋王汝賢等或棄防逃竄或臨敵退縮政府且熟視無如之何軍法司更蔑從過問近匪特部司不能執法各督軍護軍鎮守等署軍法科亦無所事事幸搶刼盜匪有劃歸軍法辦理者故每月猶得承審一二事焉

陸部直轄機關有衞生材料本廠隸軍醫司有呢革廠製革廠被服廠皆隸軍需司然大宗服裝仍由各軍衣莊分包業此者多津人平時趨奉武人或招其狎飲或供其借貸或代購辦物品務如厥願以償臨事乃得大宗之貿易其交結軍需司司員尤致慇勤某司長爲公子完婚不名一錢凡事皆爾

城某軍衣莊爲之備辦直轄學校則有陸軍第一預備學校陸軍軍官學校陸軍軍需學校獸醫學校憲兵學校等支費比較文學及諸專門學增多五倍教職員薪俸極優多與軍學司中人有關係者直轄兵工廠等自北京軍寶庫下則有保定三家店上海德州漢陽成都廣州等七處皆大廠也均隸軍械司此司有籌畫檢查軍用鎗砲彈藥之權各省各師購入外械必經其核准給照知會海關方能放入本饒實力奈以財政竭蹶對日購械借款成立小徐曹陸等數手包辦日人乃傾其無用之械以供給我國司中人俯首聽之檢查權亦俱喪失或謂借款回扣諸員實得分潤又謂回扣皆入包辦人囊橐是不得而詳然軍械司司官仍復闊綽異常八大胡同之內撲克疏雀之塲時復見此輩蹤跡焉然俸入固不足供揮霍其錢豈自天降耶

海軍部

中國自甲午以後。直無海軍之可言。合今之第一第二艦隊。練習艦隊。排水量不足擬外國之數。艦而大部乃有四參事。四秘書。六司長。五十科長。百科員。十副官。八視察。技正技士。猶不在此列。宜其安閒無所事事。且所入頗有優於陸軍者。軍械軍需兩司。司員間有乘坐汽車者。視他部總長若伯仲行。海軍部者。易名即福建會館。蓋閩人之私產也。程玉堂以粵人任總長。宜不能指揮如意。劉冠雄以洪憲改元封公。故京師稱之為公爺。公爺在前清。並無大名。自沐袁寵。二次革命時。南下犒勞海軍。自是遂擁鉅資。每經一次內訌。海軍或南或北。皆有生財之法。故陸軍以勒餉掠民。挨詈費力。得來之錢。尚不若海軍之時而擁衛中央。時而護法保民。祗費一紙通電。立可攫得重

金在外艦隊司令若此大部可知今數中國富人劉公爺已在前十名之列段芝泉久總軍寄對此有媿色矣

軍械司艦政兵器機器三科造船艦械歸其實地經理爲科長者皆總長心腹上海部以純粹鄉誼結合而成凡事略分言情不拘儀式諸員出入總次長之門如家人子弟焉

陸軍部所轄軍區至廣軍數至夥而部員私利間且不及海軍者以督軍視部蔑如師長亦多自專擅部與軍隊時有隔閡海部則所轄僅兩艦隊司令處二軍港司令處聲氣貫通艦械餉糈諸事莫不秉成於部員也

直轄局廠則有江南造船廠以僱用洋員之勤奮又適當歐戰期內北美合衆國亦來購訂船隻遂爲全國之冠餘則大沽造船所福州船政局烟台海

軍練營海軍魚雷營每歲皆支鉅款軍械軍需兩司有稽核經理之權妬之者因謂領款皆平分然實無稽之言又直轄各學校則有南京之海軍魚雷鎗砲學校烟台海軍學校福州海軍學校又海軍製造學校吳淞海軍學校天津海軍醫學校自校長以下及於庶務書記莫非閩人津籍以北洋關系素爲袁氏所壽故學校教職員尙有一二以此把持成爲風氣外省學生嘖有煩言校中時起風潮曾聞之某君云閩人嗜食紅糟酸筍田螺之類皆他省籍見而蹙眉者校中本閩廚日以此類供饌學生多食且嘔者而亦無敢改良之望也

司法部

司法獨立立憲國通義惟中華民國不然法官受制於武人政客罕能行使

職權於司法於國務院中實不關重要然審檢廳諸官之遷調升補除奉天外純由部司操權不受省吏之使制法廨雖未能普通成立而就現有之省會商埠諸廳計算所用官吏數已不少賴此一端部中得不寂寞總務廳計分五科有稽核罰金贓物管理律師事項與本部經費及一切司法經費支出之款歲需可觀計轄高等廳二十二高等分廳十地方廳四十三高等分庭三審判處三司法籌備處一除審判處權操都統其餘皆法部實地管轄何謂實地管轄財政廳長雖由財部委派而必先得督軍省長同意法官則軍人行政官均不甚干涉故廳長以次必聯絡司員亦惟總務廳尤謹有某者美國留學生也初任某商埠會審官其夫人本一名妓有私蓄萬餘金以之酬應總務廳璽舉其親某總長因破格調任第一商埠地方廳長實其原

38

籍鄰邑也任事數月聲名平常未幾某總長下野民刑兩司長咸譽其短遂移任邊地高等廳推事幸在任日趨奉軍官得留供他差藉免荒遠之行然所蓄已罄矣

律師者近時大營業之一然不能與部司通氣者貿易必弗盛當民國初元許儁人任總長時劉季衍等爲第一流紅員其時法部已爲留日學生盤踞地而律師亦泰半留日學生結納自易近京師著名律師犯欺詐招搖案者數見其人或亦有曾任法官者甲乙二人者皆留東法政學生在前清服官京外亦著微名改國後並爲律師以事齟齬然乙勢豪甲俛首聽之而已無何甲棄其業展轉入部任總務廳僉事即獻議限制律師且搜隙覓短卒將乙濫照取銷不得在京兆地方行使職務焉

大理院總檢察廳以下逮已成之法院八十餘處其經費皆由部掌管法官亦由部荐委其足以自豪者以此而總次長卻不爲人所重每視內閣易人則司法教育農商三部特以應酬閣人未必皆親信也其故在司法經費不能染指而司員承前清刑部之習把持盤踞不必隨堂官爲進退任用法官參事司長皆得預議各廳長推事等一歲之中恆紛紛調動鮮能久於其任亦由部員主動也某甲任廣東澄海地方廳推事未半年已他調自謂初到不解土語已而極力摹學漸能操粵音然已無端遷移矣言之爲長嘆

又有法律編查會有正副會長編查員事務員雖位置閒曹地而舊亦爲留東學生所盤踞編查員四事務員五事務長一一日忽生衝突事務長因總長戚誼因極言編查員之無用編查員又謂事務人多而事少宜裁汰中一

人則與皖系武人有連者也會長無如何乃託言費絀裁去顧問數人了事其實顧問並未與競爭事也人謂爲池魚之殃云

監獄司管理各省監獄計已成立者自京師第一監獄而下約六十餘處典獄長之委任亦部操其權近年建築新監摹仿西式支帑甚鉅而多不合式分監報成者奉陝黔三省爲多某司長建議分派人員前赴各省查考而陝黔貧瘠人無請行者事竟中止然司官所薦員吏獄長必善遇之否則位不可保至監獄弊端別有專門述之

教育部

教育爲第一窮部富有勢力者類唾棄不顧每月廿五支發薪費內陸海三部例領現金以有軍警關係也他部署則搭發紙幣惟教育部不但無一毫

現金且積欠亦難望補發蓋以學生爲人輕視也自五四運動軒然大波學生頭角嶄然大露教育總長始少少爲政府所重然內須對付學生外須敷衍政府大有左右做人難之概宜傅源叔夜渡蘆溝杳無下落某次長欲乘此一出風頭究之兩面皆不討好嗒喪以退從此學潮將愈演愈烈長教部者不特無權利可爭欲求爲舊日之淸閒自在亦不可得而江蘇某教育家乃自謂非任總長不出則別有用意矣

計分一廳三司普通司事爲最煩總務廳會計科雖有管理學校經費之權其實省自爲政部吏無從干涉視學十六人每出視學諸校長惴惴然以奉之而褒多貶少或訾其不免私情故人有寧爲視學不爲司長參事之說

審查學校應用圖書爲本部特權故書肆之雄於資本者必與部員通氣劉

省某君任僉事年餘自謂除數赴大書坊筵讌外日惟看他部人員之應酬忙而已語殊冷雋故亘肆所呈請審查之書無一不邀嘉許者

管理留學生事項屬之專門司匯兌留學經費或謂其不無出入然不盡由其經手也又考試醫士藥劑士亦專門司事然無人不及格者其至無味者則博士會事項及歷象事項是也

部中直轄學校自北大以降都十二校其開支經費由部規定管理然校長皆與總次長至有關繫司官顧無如何而度支不繼向財部催討則司員事故司員皆苦其有義務而無權利又所轄京師圖書館等亦與此同而經費且日見裁減矣

農商部

農林水產牧畜工商鑛務皆農商部職掌值近今財政奇窘傾所入以備兵植黨且不足自無餘力興辦實業故勢力迥出財內交通諸部之下然每值總統總理就職必爲敷衍門面語曰吾將以全力振興農商爲部長者自不得不少少注意然經費無出不過令四司多訂條例以壯觀瞻行否殊不過問也然其權力終在敎育司法上者以林鑛皆可抵押外款而近歲名商實官之實業公司不可勝數俱賴部力維持而對於國務席上則責任無多宜田煥庭據爲樂土久無去志也

以林鑛諸業抵押外債匪特政府即武人黨魁亦可任意爲之然終畏農商部之抗議創辦實業或間接以授之外人或暗中摻入外股任如何秘密必爲人發覺故尤畏農商部之阻駁以此二者不但須結交總次長即司官亦

當予以充分酬報若事屬政府所爲部員自不敢撓而回扣終可分潤特非要人不能染指勢難普及也亦有政府秘密爲之事後始知照部員部員抗不承認者然近四年之總次長無此風骨矣安福系發買江西城門山礦爲贛民全體所阻而部中仍貿然發給執照至爲省公署扣留尤近事之可笑者也

名商實官之實業公司以北方爲最多皆軍官政客所組織以壟斷衆利譬如以賤價購荒與墾據官山爲己有以開礦下及諸轉運公司皆依附公家託名商業更有並無資本之滑頭公司是非與部員通氣必多掣肘然此類公司半與財政交通兩部有連勢不可侮故請照注册照例有准無駁若民立商業毫無官吏臭味者則必依法種種手續成立始准開辦且非有人情

運動留難擱置亦所不免

官有荒地處分事項屬之農林司本一大財源而內省荒地無多新疆鞭長莫及東三省則爲强有力之武人把持部吏無權處分往者金還陸大坊之墾荒於奉天明明在部註册領照而大坊至爲張作霖所傳自是以後奉吉黑墾政皆讓之省吏主政焉故至今農部直轄機關有三省林務局而無墾務局其舊有墾荒公司亦奔走巡閱督軍之門不以大部爲意也

有名實業家若張季直之流國內不過數人皆政府所尊重部吏奉令承教不敢與抗也有某甲者以僉事出任第二棉業試驗廠廠長便開罪商公一電達部立撤差察看後乞解於民黨某偉人乃以黨誼關繫責備谷九峯始准回僉事本任時九峯方爲總長也

工商司管理官辦工商事業如官立造紙水電製革糧運諸公司皆所直轄是類財政內容不可盡問而多歸省吏主持部員無從稽查有時資本虧耗則推之部中請其維持故司員談及官辦實業咸蹙額相對工商業團體事項亦歸司轄然商會權力視時爲伸縮當中央勢力薄弱日且敢抵抗大部惟各要埠商會總理半知名之士多與部員友善故內外不致隔閡有時且可賴其維持之力焉

勘定礦區爲礦政司至難處斷之事以其有官私地之分而私地又有易姓易產願售不售種種轇轕自入民國具呈領地開礦者幾於無日不有率多浮詞聳聽按之毫無實際其中且有串通外人或影射僑商者往往照所呈區域覆查而區內並無礦產者弊竇之多不可僂計率奔走於雇員書記之

門探聽准駁消息而司官不與焉

司員供職京師不免清苦而可出爲場長處長局長若第一二三棉業種畜試驗場第一二林業糖業試驗場梧桐河金礦局漢口商場籌備處中礦局商場差爲最優礦區監督署未盡成立近則併之於實業廳矣

某甲者陳鐸時任總長日之僉事也其人在農商部資格至老且與東海亦有舊其戚誼某乙創辦礦務絕無成效而思推廣範圍則嗾甲援提倡獎勵礦業條例爲乙運動部顧問竟朦混成功乙乃假顧問名義再擴充股分卒以估及官地爲省吏所驅逐咨部查辦而礦政司諉爲不知及某任總長始知事出甲手乃勒令辭職聞今又夤緣入奉天政界矣

交通部

卽前淸郵傳部也當開創之初唐紹儀爲侍郎司員多引用粵人自是遂爲粵籍所壟斷而推爲領袖者則梁燕孫也梁以左參議管理鐵路局轄有京奉京漢兩大路所入之豐冠諸京曹凡任郵傳尚侍者莫不交通親貴餽遺權要而其資之所出則鐵路局實供其挹注故梁氏屢經臺諫參劾謗書盈篋而歷任堂官皆代之洗刷其黨中健將則有葉恭綽龍建章等近稱之爲老交通系其實卽粵系也至今仍握重權焉司員等統系分明外人不得加入以此根深蔕固許寯人以東海舊僚干木嬖臣而任總長時偶位置私黨數人衆卽嘖有煩言緊要關頭幾無人爲之幫忙發卒失敗以許矮之才調且如此他可知矣

財政部總綜財權而收入較豐之鹽務海關稅爲外人所監督烟酒公賣又

另立專署視交通部之自操主權別無分支者蓋不可同日語且交通事項軍人外吏都不復干涉用人之柄總於部長在國務員中差有獨立氣象非與總理有密切關係者斷無此席希望然有時補助黨費接濟軍用亦煞費經營而應酬尤爲繁賾若迎送顯者之專車權門之免票文武官署之長電皆以公款作私情用者稍慳吝者卽開罪於人故歷來任交通總次長者手筆皆異常闊大不僅梁燕孫爲然也施植之爲第一任總長雖非粤系而爲唐少川快壻以是少得融洽夫交通之屬粤系人多知之不知粤系上尙當冠以北洋兩字蓋非出於袁門之粤系亦不能長處也觀於唐少川以開山祖師自見疑項城跳入民黨對交通系卽無絲毫權力其故可想矣

四司者路郵電航是也路政司利權至偉計轄京漢等管理局十三處川粤

漢等鐵路總公所四處又寧湘工程局一處內以京漢津浦京奉京張滬寧等五局稱五路財神而京奉京漢爲之魁本司又有監督陸上運輸事業之權故能以官力組織轉運公司取資自肥或謂各局長歲須以重資應酬司員此乃門外漢語也蓋羨餘之款總之司長及總務廳然後貢之總次長並分潤諸員司並非取之路局若借款築路例有回扣以路押款則向扣尤豐司中人皆具外交斂腕至於購辦車路材料暨購煤等事弊竇尤多各路局自不能專利是亦本司之利源也

航政司事本清簡以中國航業祇招商大達寧紹三公司較大而皆官置運輪國內所無招商局雖初有半官性質近以盛氏脫離政界楊杏城中死故部局漸不通氣日者擬有軍政全權之某督辦建築園林於津門堆砌假山

須用南石總次長鄭信即囑之航政司辦理司員手忙足亂卒無良策幸招商局聞信自請報効運石以挽回與某督辦惡感部員大喜過望故日來中津招商輪船所運皆花綱石又收沒敵僑船隻郵海兩部數相爭持外人攘奪尤力部員某君建議由部立一航政局專管敵輪以之載運商貨而建築碼頭貨棧等須費不貲某君又爲老交通系人物爲衆所嫉議遂中止某大實業家以子壻之力新交系之助秘密運動歸其公司承購價格并不宣布是時航政司中人至爲忙碌閱數日之間西餐費至千餘金乃甬商某聞之立提出抗議一時傳説謂某實業家之公司並無此魄力特爲間接轉售外人之計某黨以政治臭味素不附大實業家於是司員中大起風潮民國成立以來航政司事務殷繁僅此一時也

郵政實權。本操之外人。嗣收回部管。外權漸替。然各分支局用人之柄。猶在洋員手。某甲任司長時。嘗自鳴未引一私人。雖實情。而飾辭也。然郵務日漸發達。且兼辦儲金。頻年收入。多有贏餘。宜司長不願外任監督矣。此前年事也。

電政擴張。日有進步。而司權亦日增。在清代。電政局設於上海。另置監督。如周萬鵬之流。用人購料。純其主持。司員從不過問。自滬局撤銷。諸權皆移之部司。各局局長。直接委充。不受省吏干涉。其中不少腴局。勿論滬漢。即一哈爾濱局。當羅卜價未跌落。日收羅卜。解銀圓。中飽數已不少。其重慶成都雲南諸局。轄地遼遠。工程尤便染指。商埠大局。則祇分譯費。已屬太宗進項。初議非電報學生不得派任。寖假而前議弁髦。如前滬局長之汪子實。則許俊人嫖友也故電司權利實在郵司之右惟電生升班加薪斷不可錯誤以此輩資格較深者頗有人置身通顯且滬校學生聯絡一氣往往假事發難隱含同盟罷工之意某任司長時頗提倡多立學堂多用土住學生語少少外洩羣情惶惶適梁燕孫猶在公府秘書長任當其官卑日歷任電局總辦知舊生之不可侮遂囑總次長打銷此議電生聞之自謂得占上風竟有要求司員亦必以學生充任者而事卒不行

電話亦歸部轄京津粵各埠電話局歲入之豐視電局無差經手者羨餘尤富局長皆由部任用不拘資格傳聞某局報銷不實爲司所駁詰賴與商會總理稔交總理又交次長某之戚因爲調停得寢京師電話窳敗屢經指摘而卒不能改良一日公府某要人出狎游以電話招友催甚急交換手不知也

竟報以惡聲翌日言於項城總長竟受申斥自此傳答始少靈捷部轄學校凡四一上海工業專門學校二唐山工業專門學校三郵電學校四鐵路管理學校以經費出自本部故並充裕而學生出路亦優人多樂就中惟滬學本名南洋公學改歸部轄未久畢業生無實在用途郵電供不給求鐵路管理卒業後分別甲乙派在各路局實習甲班月給補助費三十五元乙班減十元實習期滿派職定薪非與堂司官有舊或有要人囑託者京奉京漢諸局不易派往派往者亦不易入洋帳房有學生某秘書至戚也以甲班派至道清路局事至苦瘠秘書不悅以責讓司長未幾遂調京奉亦弊端之一也

參謀部

參謀掌國防用兵之事原無所爲弊竇自陳二安任次長恐不見信於袁氏遂分布調查探刺亂黨坐是部務漸繁適黎黃陂在鄂不問部事遂由陳一手操縱然其人守潔雖部中額外支費日增而堂司官無所染指故亦無所爲弊竇也自洪憲改國謀亟參陸之權並爲統率辦事處所奪部員尤奄奄無生氣蔭午樓任事日請領經費財部閣置之不理幸次長陸錦善聯絡素奔走段門遂倚以對外以是參部實權恆握次長手而局長等遂不免退有後言矣

各省軍任用參謀人員名雖由部主政然不過據督軍師長等之請以呈乞任命耳此外京外陸軍測量局亦隸部轄測量經費民國初元規定較前清大爲擴充而成績亦殊寥寥南省某局藏費鉅萬其局長爲羣所指目適部

中一科員病歿衆爲公函糾致賻儀某局長認送十元衆怒其吝令調查員發其舞弊情形擬令免職查辦某乃急投是省將軍門下將軍函致統率辦事處力言司員吹毛求疵假公報私之無狀袁氏召次長至擲原函與閱令約束司員而某局長處分遂無形取銷焉

本部分六局局置局長一人副官一人共三十四科每科科長一人科員總一百三十五人調查員六十人庶僚濟濟而職事無多初成立時局長科長等以鄂人爲多若劉一清之流皆陳二安所援引也其中民黨偉人之爪牙羽翼亦復不少徒支薪俸而已故衆稱之爲安樂窩其時萬寶成軍衣莊王王壽安日出入參謀部部員多與之狎游讌飲者

張子志者北洋武人中至無學術幾於目不識丁者也一旦被命長參謀爲

運籌帷幄之司宜其不甚了了然人實直實蒞事日頗以開誠布公鼓勵屬員衆方嫉陸錦之把持專橫以爲得此機會當可一快傾吐於是撫其弊端加以附會提出公呈同請查辦其中事跡自不能盡實而謂之全誣則原告諸人官部有年何致於此等事件竟憒憒提出絕不計及利害聞公呈初上陸氏頗涉恐慌張子志亦標示必秉公查辦當日卽有强有力者召張於私邸告以此風若長以子之忠厚他日必爲羣下挾制張爲所動因歸而求計於副官某某擔任願爲調人乃以翌日遍邀原告諸人晏於西飯店殊無一到者某大失望更以危詞聳張而陸適亦彌縫無跡張遂以查無實據上覆再交陸部覆按仍無出入於是反坐原告等以挾制誣控均各免職夫誣控罪名關系個人當然訴之法庭自非免職所能了事若言挾制則陸氏經手

款項果無牽涸屬吏何從挾制而重案輕結於以完事京師謠諑紛乘有謂原告不服須再訴者有謂原告不久即別有位置者傳聞不一而調查諸款由來已久清釐正非易易也

凡軍事大學皆屬之參謀部此東西通例也自入民國本部以種種規畫始將預備陸軍大學成立其他無聞焉則由始無總長繼雖有總長而權力迴在陸長之下殊不爲人所重視屢催海部合力籌建大學而海部不欲也某局長憤之遂提起升吳淞海軍學校爲大學之議海部軍學司恐權爲人所攘而又無理由可以拒絕於是建議改吳淞一校爲海軍師範學而名目不經終不能成立蘊釀至於今日冒昧將升學期與見習期更易烟台學生痛明年薪水之不可得適有粵人從中慫恿遂全體罷學從此建置大學更茫

茫無期。又航空事業屬之軍隊者，亦參部職掌，航空學校，舊已成立，可笑者自飛機借款之說興，遂視飛艇飛機為牟利之具，而不視為戰時偵察之具人有就某局長詢其預聞此事否，某對軍械借款陸部若不預聞，則此事本部亦不越俎，誠痛快語也。

將軍府

將軍府乃洪憲皇帝位置投閒軍人之地，名爲軍事之最高顧問機關，直隸於大總統焉。然依其組織之法，則應置上將軍一人，將軍二十六人，參軍二十五人，參謀四人，秘書二人，副官四人，事務置廳長一人，事務員四人。袁氏時代以段芝泉領將軍府事，未幾而張金波以振威上將軍段芝貴以輔威上將軍並入府辦事，竟有三上將軍。人傳以爲談柄，參軍者與將軍有連帶關繫者也。譬如某以陝西督軍調京，則其參謀長當然辭職，於是以督軍爲將軍，以參謀長爲參軍焉。而將軍二十六人，參軍祗二十五人者，則以綏威將軍那彥圖、麗威將軍帕勒塔二人，皆蒙古王公，合得一參軍也。將軍月俸千元，安富尊榮，淸閒自在，實在各總長督辦之上，而陸建章乃嗤爲養老院，捨去不就，而流爲南北游說之士，以斷送其身命，是亦可憐矣。

將軍府中人物，如胡文瀾、張鳳翽、湯薌銘、孟曙村等，皆曾任督軍，擁有厚貲，不過假此崇銜，娛情朝市。其餘若丁衡三，本富家，江朝宗亦多財，足以自娛。每冬日行六街間，見乘汽車，擁海騮豐貂外套，怡然自得者，皆將軍府將軍也。

李烈鈞、栢文蔚、胡漢民、陳炯明、呂公望五人，皆將軍，而實領南軍以抗政府。

河間當國日，仍飭照送薪俸。聞爲合肥所阻。其實諸人亦不欲倘領政府俸錢也。武漢起義功臣之孫堯卿，以激烈派而投黃陂幕下，由黃陂幕又轉儲項城夾袋。說者謂孫不附袁，則二次革命武漢正不可保，未知鹿死孰手，蓋篤論也。然其銳氣已盡，又爲民黨所嫉，播爲種種流言，甚有訾以穢語者。北洋派卽援爲口實以攻之，故將軍數十人，雖苦樂不均，而至無聊者，則堯卿其人矣。

明威將軍陳宧，以廉幹有聲清季。入民國，任參次，以誅張方功，復有寵於袁氏。後授四川將軍，見機不早，初附帝制，迨持正論，已爲人所輕。周駿銜袁命逐之，倉黃逃出，所餘資皆囑前鋒馮玉祥攜以先行，而竟爲其乾沒。陳宧不名一錢，名譽則掃地不可挽回。既授湘督，復爲人拒，鬱鬱居將軍府，賴月俸以活尤難者其仇敵周駿亦封翊威將軍與之同處一府輕薄者每并晏周陳然陳恆不至周則高談雄辨摹擬陳氏反覆逃避之狀以資談柄又毅威將軍胡景伊保威將軍周道剛皆以士官學生由陳氏保薦拔擢得至今日然景伊以陳有攘位之嫌周則輕其爲過時之客皆與之貌合神離且景伊已鉅富而陳轉蕭然更不免相形見絀人謂將軍府鄂人有二難蓋指孫堯卿之無聊與陳二安之忸怩也

張金波者袁世凱之盟兄張作霖之義父巍然北洋派之前輩而私囊爲兒子所有兩手空空快馬之概爲之不振終年在津門時共許世英等觀劇又小麻雀爲消遣計視前淸爲奉淮兩軍翼長時氣燄大挫矣然偶至將軍府衆仍以老輩之禮奉之

事務廳經手薪俸月三萬餘數不爲少然財部以閒曹視之積欠孔多而窮將軍賴此爲活者則日向廳員催討某廳長苦之乃密函京外武人謂以軍事最高顧問機關而人視等養濟院未免令老將者動寒心於是諸軍官爭鳴不平財部大駭立籌發數月焉

審計院

審查收支計算以定歲出歲入權皆屬之審計院實全國財政總監督也然一實地考查則京外官吏皆視之若不足重輕者其弊則在一窮字譬如富家巨室財用綽裕當然延友司賬會計井然若窶人子西移東挪朝不謀夕有用卽屬幸事何暇考正度支今國內所有利源抵押將盡政府已貧無立錐端賴親日系老交通系居間向日美兩國揭債此兩系雖不必入政府而

實掌中國財政之生命宜武人政客、皆引爲腹心焉財政部人員固未必皆能假外債而當靑黃不接之際恆仗其挹注彌縫之力以敷衍、一時故其重要僅亞親日交通兩系焉審計院斯不然矣掌坍成之會計以挑剔爲能事、人之視之匪第爲贅旒實一障礙當公路帝制自爲之日乃特任其鄉人丁振鐸爲院長振鐸老朽頑固痲木不仁然猶皇皇然援引私誼如湘人柵旭之流皆不知財政學審計法爲何物者從此院勢日益頹落視平政且不若矣

第一廳主審查外交、財政、教育、等部收支計算、中惟財政事、繁第二廳主審查、陸軍、海軍、交通等部收支計算中惟交通事繁第三廳、主審查內務、司法、農商等部收支計算中以內部管警察支出較多然外交陸海軍憑勢壓人

自非本院所敢挑剔北洋派以軍警組成內務部長非有統率北警能力者不能勝任故內部經費偶有出入亦不敢苛求教育、司法、農商則所謂磽田無良苗雖搜剔亦鮮所得於是全神皆注之財政交通兩部焉故第一廳第二廳為富廳第三廳為窮廳某甲為協審官年餘自謂初入時按照表册核閱一過三月後則閱而不核半年後並閱亦不復完矣又有某核算官核算教育部普通司所轄經費數月一簿未完人有覘之者則一手握算一手支頤而睡鼾聲且達戶外叩以若此將無了日答曰子何駭催日即了日也蓋踰限久長官如催即合涵繳卷也

書記室中有機要、收發、會計、庶務、編譯、五科本院行使職權勿關秘密故機要科幾同虛設汴人某任此無可解嘲則曰本科備戰時審查軍費也入皆

掩口編譯分編纂繙譯兩處主編譯東西洋財政審計政學書籍及表册式樣往能兼三隨端午橋考查憲政歸所攜外國會計簿記格式蓋盈箱篋自負爲理財專家後任東三省財政監理官即據以實施然所派檢查人員莫不狥私而各署局購物發票又皆自假刊店號圖記開單粘卷財政實未絲毫清釐不過官廳添用僱員數人專司統計及一切表册即已今之編譯新書者正復如此外國文牘無可摹仿法規則試行之初弊即因之以生趙智庵謂紙張潔白字畫勻細復能款式勿誤俾可搪塞議會便是審計能手若以他人千辛萬苦借來之外債而徒供審計官之挑剔恐無人能甘心俛首者是何言之痛切也

與書記室並立者則有外債室遍年揭債度日此室人員確有日不暇給之

勢據組織法則稽核外債事務應屬斯室爲然自洪憲借國迄乎今日借款不必盡由財部且無一非秘密從事借到之款先提大半以供黨費臨時兵費及收買異己離間他人諸費是皆無可稽察者某君主計日見報紙登一借款消息卽致函國務院詰問院秘書廳厭其煩置不答復事已寢矣未幾某項借款輿論一致反對千木憤甚查從何所洩漏秘書某復謂此審計院外債室人員所爲也彼輩有函來探問千木赫然囑院長逐之去焉然自某甲任副院長以善西洋工交際時代政府經營外債於是監督官一變而爲行政官經手既多自饒回扣外債室亦黍谷生春生機勃發矣

海軍部員有專司鳴放午炮者月支薪百數十元某君簽出駁詰廳長某見之曰是何不達時務也遂置弗問焉

平政院

平政院猶行政裁判機關。所以察理行政官吏之違法不正行爲者也。分記錄、文牘、會計、庶務四科皆直隸於院長外分第一第二第三三庭。每庭設庭長一人評事四人中須有法官出身者一人或二人。周少樸以前清巡撫資格自居老輩而又不能忘情新朝遂受任爲院長焉按其職務本分彈劾審理兩端袁氏摹仿帝制時曾附設肅政使以莊思緘爲都肅政其他若王瑚之流在清代俱有廉名諸人興高采烈日事彈劾於是京師市上都老爺名號復生然兆京尹王治馨之罹鍛鍊實以口供攀及袁皇子非肅政白簡之力迨洪憲改元專事籠絡許世英參案袁氏授意王祖同敷衍查復自是諸諫官氣爲小挫黃陂正位肅政裁撤而平政院遂無彈劾之事純乎行政裁判然民國有勢無法少有憑籍者斷非平政院所能裁制其無勢力者先自默爾與人無競更不勞裁判奉天有官吏被劾實非其罪者欲控其兼省長於平政院適有友方爲評事因先探之友駭然戒之曰若某兼省長大總統且畏之敝院猶雞肋不足當老拳請無下顧又某邊地都統以特別區域名義與內地省吏爭行政權經院裁判不直都統所爲都統不甘爲書致將軍訴巡按之凌己將軍以同袍誼責讓巡按巡按竟讓權都統以了事無何巡按去將軍兼任左右告以事權不當讓人遂復具牘索回之事凡三變平政院所判初無絲毫效力也蓋彈劾審理俱託空言特以院長位置者碩宜近有特任趙爾巽之說某君任評事時嘗告人曰敝院設一院長足矣餘官皆閒曹亦實情也

平政院尤有爲難者則所處理之事不可妨及司法官署之行使職權也衆知其然往往以行政訴訟牽及私德變而爲刑事訴訟遂歸法庭裁判又事苟與軍人有聯更須歸之軍法會議客有晋謁周少樸暢言時政之不修諉諸天命者少樸作色曰此官不能舉職也果舉職政安有不修者客曰若然則審理行政違法正鈞院事而今日違法之甚者莫若督軍護軍使等干涉行政至省吏不能依法行使職權公能先平此政職斯舉矣周默然舉茗盌送客行又某某兩部員以私意變更法律控其長於平政院以理由不充足駁斥弗理二人憤甚則摭其贓私訴之法庭法庭亦不理適其戚官肅政竟摭以告元首奉命仍歸平政審理有人爲俚詩以諷之曰昔日駁不准今日難自審有政未能平院長大受窘云云然其時尚治事視邇來之高臥南閣

者。又。不。倖。矣。

大理院 附總檢察廳

爲國立最高審判機關。在司法獨立國中。當然非他人所能干涉。卽吾華帝制時代。法司之强毅者。亦稱曰。執。法。如。山。可。以。想。見。其。丰。采。焉。民國聲興。尚略具司法精神。其時勿論何等要人。苟被控訴於大理院。傳訊。不。敢。不。到。判。罰。不。敢。不。遵。自宋教仁擊斃上海。審判廳據供依法。票提國務總理趙秉鈞赴滬備訊。且以票逕寄京師檢察廳。代傳趙智庵。氣憤幾死。而。不。能。加。法。官。以。罪。也。袁氏始。知。欲。鋤。異。已。法。界。必。當。收。爲。我。用。於。是。以。大。理。院。爲。下。手。處。所。自院長以下。皆。餌。以。好。爵。加。以。殊。遇。北。洋。舊。僚。吏。聯。翩。加。入。法。界。從。此。貫。注。一。氣。迨第二次革命事定。總檢察廳。卽提起內亂訴訟。指。控。諸。民。黨。大。理。

院即據以呈請通緝。命下。開國偉人。皆褫爵官職勳位。嚴緝歸案訊辦。無一得免者。適袁氏晏外使。某席間盛言己意未嘗不欲成全民黨。奈民國以法治。今諸人爲司法機關依法指請拏辦。雖總統亦無如何。言竟狀若懊惜者。某使信之。退而告人曰。司法官皆舊黨。故主排除新黨。此事在歐洲歷史上亦恆見之。非項城罪也。某甲以留學生適任推事。聞之立請辭職。曰果若此。他日革黨再起。我輩且上斷頭臺矣。是時民黨報紙。竟大書特書袁賊收買軍人。收買議會。收買法官。實地調查。上二者固不免餌以金錢。法界則確無所得。不過經理此案者。或超擢。或他調腴缺。皆能速化。故衆謂一呈請褫奪緝拏勳將若干人。實大理院第一露頭角日。亦大理院諸官第一邀寵元首日也。

迨西南自主孫中山開元帥府於廣州朱淵源抄襲東文呈請政府下命通緝而元帥府亦如法以報之朱氏竟附段芝泉梁卓如湯濟武三人之後標列大名由是段寵益專移法長兼內長安福系且欲請其組閣此大理院第二露頭角日而法界乃犇行歸入政黨漩渦獨立精神掃地無餘矣清代京控多發回原省罕有提歸部訊者大理自不能覆循此轍然原被告或已爲高等地方廳判决罪名者一經起解慮其潛逃又不能如前清之委員專解准理提訊殊難率爾然呈訴手續若果完備復不得效往代聽訟以情理兩字爲准駁除當發還原廳更爲審判或指定其上級法庭受理者自可依法核辦若案須提院審理者則至爲不便某報謂大理院當改爲不理院正謂此也

大理院爲上告審不能於違法問題外爲本案事實之調查祇有發還原廳原庭依法更爲審判之一法故原審官判決任如何疏忽武斷既不能如前代予以處分又不能如歐美之法官倚重私譽宜其聽斷可以任意矣往者旗人錫光塋地被宛平人王祿侵佔因係清代恩賜地龍票遺失故於辯論中願放棄土地所有權祇求收回先人遺骨京師高等審廳推事並予斥駁錫乃上訴於大理院適旗籍八員煩言勃興而自治局管塋人及原告家譜証據確鑿皆可明所訴之非誣大理院不得已乃撤銷原判發還原廳審理焉又田土訴訟在前清時勘明始判判詞中必指明東西南北四至以爲管業之據此州縣衙門戶工兩房書吏所諳練者不謂大理院以國立法院法官皆法律大學之畢業生乃竟不諳此例如雷鏡超雷維傳以爭樹場涉訟

終審判決。並無四至。原被告均無從管業。律師張孝琳爲之聲請追加判決。始定明四至。在上訴人經此手續。所費不貲。而當日原判之某法官。實以亟赴妓筵。神智已昏。故留此遺漏。人多傳爲笑談云。

許世英長法部時。援其奉天舊僚鄂人劉某爲總檢察長。劉留學日本。以患穢瘡歸。並未卒業者也。嗣隨管鳳龢至日。乃試得一文憑。後任奉天審廳推事。許矮方爲廳丞。二人排日游平康里。交若昆弟。迨許擢總長。拔茅連茹。則遂一躍而爲總檢察長。然其人除嫖賭外。無一長。以與陳二安戚誼。故鄂籍軍官亦多共狎游。勢頗煊赫。嘗宴客於王廣福斜街某妓院。徵侑觴娼至百餘人。識之者曰。此間不媿總廳。足下長留此地。檢察可矣。聞者絕倒。蓋京津以妓館爲廳。故呼龜奴爲跑廳者。劉以數染梅毒。頭頂濯濯。建議宜仿日法按旬檢查妓女下體故人以是諷之也又許矮會召集司法會議劉爲副會長一日開會人已畢集而副會長久不至衆喃喃有怨詞當事四遣人速之始至坐方定衣袖間一物墜地有聲幸爲一侍役立拾去人不及見後此侍役告人曰是蓋一麻雀牌之紅中劉是日方爲雀戲以催促勉强赴會故是物藏衣袖間後持以還之慨賞以三十元而戒其勿告外人云

稅務處

以海關皆稅務司主政而稅務司初屬總理各國事務衙門繼屬外務部後乃以那桐爲稅務大臣那未任外官未管內務府而家產豐富冠旂籍金魚胡同住宅費至百萬其來源皆資之稅務也入民國後文官鮮得久任獨孫慕韓任稅司督辦幾及五年者第一原因以數任使事與外人融洽稅司洋

員吏爲水乳並非藉項城餘力也（孫袁戚誼）第二原因以不過形式上爲稅務司之主管衙門實際上洋員既不服從而各關監督之補黜皆財政部事若滬津粵各關有時財部且不得專柄稅務處更無從過問夫前清以外部尚書兼管稅務關道奉命唯謹不但餽遺主管大臣甚豐即稅務處司員年得冰炭敬亦屬不貲（其時汴籍曾某以外部司員兼稅務差謂一年可多得萬餘金）今則事權不屬外款寥寥孫慕韓謂尙不足敷用宜不爲人所垂涎矣

某甲諳英語丰采翩翩以善皮黃爲抱存公子所賞薦之入稅務處充科員月薪不過百元彼乃行賄督辦之汽車夫每日督辦到處後彼即衣冠楚楚乘此空間之磨托車以遨遊於洋行及諸巨肆之門日以爲常處事本簡督

辦復倦勤科員辦公與否本無人稽查故督辦到署之時遲片刻甲卽翩然出矣行肆中人固識此車以爲甲必督辦至戚有擬之爲義兒者有擬之爲快壻者彼乃乘此機會向各處賒取貨品數月間款幾踰萬而所取貨則半入質庫易爲現銀供其消耗矣知事不可終掩乃託詞省親出京一去不返如黃鶴然又滬關某監督病故以爲第一腴缺京員紛紛運動皖籍某甲在清代以道員曾隨使英倫李瀚章戚也適在京託李偉侯等爲運動殊無效一日邂逅某乙蓄留英學生在倫敦時舊識也叩執何業答供差稅務處甲卽邀之至妓館告以所欲乙答此財部主政無與處事但已否定人督辦必先得消息吾當爲君探之約翌日報命次晚果如約至則喜形於色謂不特人未定且有機會可爲君經營蓄督辦欲南下掃墓正闕二萬金子能如數

報効者督辦卽破格薦君於元首事必請甲約必揭曉始付賚乙亦慨諾無難色惟謂人心不古恐多糾葛命下時交款不得踰一句鐘甲亦署諾越數日乙晏甲某妓寮談讌正驩一客闖入狂呼賀喜甲視之則舊友某丙供差印鑄局者也謂甲已授江海關監督彼得信狂喜至其家道賀始知設讌此地當有以款我且語且探懷出印刷品蓋政府公報樣張甲之委任炳然在焉驚喜交集乙掀髯笑曰予言何如語未竟一華服僕人入附乙耳語竟垂手旁立以待乙拉甲密告曰此督辦家人來取賚者也原約不得踰一句鐘尙乞勿食言甲方忻忭因立引之至家出所蓄鈔票二萬圓如數畀之越日興閱報不見任命亦無賀喜者至往詢乙謂已因公赴美矣往詢丙丙不承認有是事謂昨方病不出門一步君豈見鬼乎以無證據且己亦干行賄罪

竟默爾以息從此去京適滬不再作春明熱夢矣

蒙藏院

五族共和蒙藏乃民族之一當然無別立官署之必要徒以俗尚不同封爵未除故其事項不能隸之各部署一也自入民國外蒙首先獨立經幾多之勸導始改自治而內蒙如廓爾羅斯諸旂亦時有蠢動西藏則自達賴私歸後意在爲虎作倀窺伺川邊征防化導事以日煩二也蒙古王公在京者無所事事而其中儘有明達事理聲勢足號召蒙人之材勢不得不設此院以羈之三也其組織法設總裁副總裁各一人參事二人司長二人秘書二人僉事十二人主事二十四人編纂繙譯十四人總務廳轄七科第一第二兩司各轄三科外有秘書室任總裁者以貢桑樂亭爲最久其人明敏英銳敢

任事嘗陶克陶煽惑內蒙之日頗賴其維持防制之力第輕跳好冶游故蒙藏院官吏相習成風大半稱嫖界鉅子焉

旂籍榮某本成都將軍恭壽子榮祿之姪壻項城之舊交也遂被任爲副總裁院章總裁主持大計若本院事務皆副者管理榮罔擅綜覈頗撙節小費屬官銜之剌骨報紙亦頻有譏詆然項項信之專無如何也恭壽在日曾權川督司閽者張姓索賄得十餘萬金以歸庚子以賤價收屯京官宅邸賣品因以爲富後啓照相館於京師民國劃鋤階級制度遂希冀入仕籍而經營蒙藏院會計尤力榮以乃父因張不得良死(恭壽以參案吞金自盡死)拒之甚堅張愧憤乃串通僱員捏造條件謂榮中飽院款五萬餘刋爲傳單散之衆人適院員方惡榮甚遂擬集合呈訴幸參事某有識力爲解釋事始得

寢而榮終不安其位焉

江南某君以拔貢服官北洋後入陸軍部嘗權侍郎少少讀李若農何願船諸人著作遂自謂諳習蒙事數條陳邊務復刊書以貽人因是得微名入民國遂躋口北宣撫使蒙藏院副總裁其口北之行凡蒙古台吉王公少富者莫向之借貸因獲重金以歸素爲駐京蒙員所鄙棄袁氏聞之笑謂某服官多年何由不改招搖行逕副總裁位遂不保聞其在院日頻設宴宴蒙古王公而每宴必有請託衆皆苦之嘗爲那彥圖所面詆不以爲赧也又其私寓陳設亦以責之庶務科科員某皖人故賁爲鋪張地毯壁鏡銅牀檀椅並摹西式月與約日購物至苟合公意乞簽字發票上科中卽照付資某以利昏忽忽許之踰時是科員手其簽字發票來謁謂算結實欠五千元乞立付兌

下吏爲難某大錯愕然又無詞拒絕後賴某司長調停始允陸續歸結而見者謂諸物實不值三千元也自是始不敢貴庶務科供應今其人無聊甚騙得東海萬金南下組織政黨不踰日以內閣改組黨中多流氓邇門者皆唾棄不顧云

鄂人某甲者夙肄業自強學堂爲梁星海得意弟子亦略讀朔方備乘諸書自負邊才蒙藏院成立即任爲參事是時院權皆操其手遂竟意援引私誼又倩其鄉人能文者擬爲條議上之袁氏素服其才數傳見諮詢邊事蒙古王公以其得主峯驩多與論交甲亦揮霍應酬周至自是望日隆遂擢爲邊地都護使辦事大員嘗聞僉事某君言甲腹儉而喜獵文譽蒙古貴人之喜吟咏者多與唱和又時流覽佛書多記梵典以資談助編纂科編纂蒙藏回

圖籍成甲欲矜淹博頗有塗改編纂員憤而與爭甲笑謝乃已

册封祭奠凡奉使至蒙者例得厚餽清代乃乾清門侍衛差使民國屬之蒙藏院院員奉差自口外歸者他不具論必有良馬數騎以壯行色京師市上乘騾車而頂跟馬並矯健者必蒙藏院官吏也曩者理藩院司員於台吉王公承襲册封事索賄必飽慾壑始已民國初亦欲沿故習而外蒙已叛內蒙勢亦岌岌袁氏專主懷柔頻戒諸司於蒙事勿留難故至今皆隨意酬勞不取定價婪取也

當袁氏謀僭帝號頻優賚蒙王等誘之勸進是時院員亦大有生色司長某謂新君踐阼蒙回翌戴實本院運籌之力今蒙回王公已晉封加俸院員未便向隅開單呈總裁請獎而所擬則兩司長兩參事均封男爵也聞者皆笑

至失墜。

蒙回各旂有被匪被災者例須撫恤其數目則由院擬定咨呈國務院轉財政部照發然損失情形輕重則當據各辦事長官等呈報而核稿者則第一司民治科員也有某旂章京以被匪搶掠呈請撫恤原呈損失約五千元乃議給恤費三千元而定章按照損失價值三分之一給恤是此數計多出一千餘元則以科員與該旂章京有連也後為司長所核駁始以筆誤了事蓋起稿時數目字竟填小數也。

鹽務署

鹽政之設專署始於清宣統二年為度支尚書載澤集權中央大計之一也。今之鹽務署粗觀之似為清鹽政處之後身實際則因有五國大借款外人始監督鹽政外人既監督鹽政始立此署爲機關即民國三年五月十五日所宣布者也然其源則由於二年四月善後借款合同成立是年即設稽核總所於京師署督辦以財政總長兼司別置署長一人兼稽核總所總辦洋顧問一人兼稽核總所會辦以下則參事、廳長、秘書、僉事、主事共三十四人各運使、權運局長、運副等委任皆由署主持自饒實力較之清代督撫分兼鹽政者中央權勢尤爲鞏固惜鹽稅除歸還外債外政府欲提用餘款必得稽核總所洋會辦署諾始可而洋會辦則銀行團所委託者以此原因署長必聯絡外人擅長交際始能勝任愉快此張岱相之所以久踞斯職雖經罷免仍得復任也

張岱相以湯蟄仙之薦而廻翔於東三省復出其敏腕以承迎長官於是徐

派之陳照常辦派之熊希齡皆引爲腹心入民國初賴鳳凰汲引得財政次長乃日費千金以飲博狎邪以買諸要人懽心故北洋派皆樂與交以調查鹽務丁恩服其勤懇爲譽揚於銀行團遂有今日當周緝之長部時署權本操諸督辦後以提用鹽餘督辦之言弗爲洋會辦所信必使署長宛轉調停始發生效力自是署長權漸重卽保任運使亦得參預且有時可援引私人孫慕韓以老輩督辦稅務而權利無多宜汪伯棠有前賢畏後生之說近以結婚王揖唐更大得段寵暗地爲安福系籌措經濟而殊不出面社會上幾湮然忘其人矣

署置三廳一曰總務掌視察鹽運使權運局辦事之成績及鹽務官升遷降調事宜由運使下迄場課知事凡三百餘官加之科長科員稽查員員數何

止三千僉事主事都可薦托何論廳長參事故運使必留數場知事缺以酬契廳長等之戚友而歲時餽遺之豐更不待言所以人稱總務爲第一廳言第一紅且闊也場產廳掌鹽場倉棧建築及編練場警管轄緝私營隊之權雖勢力不逮總務之偉大而掌管建築則核辦工程報銷時或準或駁權由自操往者吉林官運局議重建長春等處鹽倉報費甚鉅廳中並不核減張岱相告所屬曰我曾司鹺奉吉深知情形今所報當浮至五倍以上諸君信勿輕輕放過衆喻其意相與一笑罷緝私營隊搜贓分肥舊稱利藪統領歲入亦不薄奈多爲督軍等所勒薦部署不敢拂其意也然對於廳員亦不能一無應酬故場產稱爲第二廳言其權利亞於總務也運銷廳綰理文牘及運銷事宜本例行公事故稱第三廳而近日大運亨通各省借運借銷之案

層見疊出如湖南等省雖利歸武人而廳員何竟默爾其道可思矣要之鹽署無貧員與交通部等京師人莫不知之也

民國成立八年鹽稅收入較前清大有進步此皆稽核分所稽核認眞之功自爲不可掩之事實署長等翊爲已力未免赧顏唯當鹽署初立任用官吏頗考求人材其時運使權運局長儘有聞人已而權運局長漸爲各將軍勒薦元首唯命是聽已而任用運使亦須得武人之同意如沈致堅以熊秉三之薦投張岱相門遂得任爲雲南運使乃爲唐繼堯所拒雖由沈之聲名惡劣而實軍官干涉鹺政之始鹽署某君憤之知政府爲軍人所制弗能矯正乃訴之丁恩欲假其力以固中央權力丁曰此用人不關行政吾不預也某更告以用人不當行政亦將因以弗靈丁信之宴見日微達於項城項城即

示意北洋派某要人自是鹽署事權少專河間初欲洊其副官長某爲兩淮緝私統領終不得當迨攝總統日始授意財部與鹽署委任而總長則王叔魯馮氏之帳房總管也

某運副者籍壽春其兄則河南之滑吏名震北省者也某亦豪縱賴族人某硬洊於鹽署鹽署辦界以贛省某權運局長某不願竟乞得袁克定洊函指名要求某辦副缺所駐地則中國第一商埠也洪憲倒幕署員首議另易他人其兄適司權鳳陽關聞以急電相告某遂乞援於某護軍使因厥鄉人又素孚其應酬者因爲解於鹽署署長重違其意事遂寢某乃安居四年排日以花酒自娛焉

某甲以留學生供職鹽署雖新登仕版而和平穩練可步陸潤生後塵因有

寵於署長凡秘密計畫無不與之共謀長蘆運使某不時假公遊京師至必宴要客甲恆與焉一日在座有財政部司長某乙總長婚媾也總長例兼署督辦故對客殊傲慢不爲禮以爭觴致與甲鬩勢幾動武甲隱忍去乃專意謀鹽署獨立初擬爲一綱四目言財部牽掣之弊洋洋灑灑幾萬言而署長不敢上乃運動洋會辦而洋人不甚了了事卒不行甲心終不死一日總長爲武人索餉所逼無法應付函致署長往取鹽稅餘款甲自請行不知運用何等手段語言洋會辦竟拒弗撥總長莫名其妙堅囑署長調處署長使甲爲繫鈴者勉以解鈴甲概諾且請先謁總長既見乞屏人密告曰近部員狎遊豪賭其挾妓爲撲克戲於西飯店外人實目擊之某前日往取鹽餘洋顧問謂司員侈泰若此部庫何至匱乏某固無言以應也望長官先戒所屬容

某再往商之洋員總長唯唯於是手諭戒飭諸員辭頗嚴厲衆後知出甲報復雖恨之甚而自是不敢輕視署員矣

民國初熊秉三掌財政時鹽務猶未設專署卽以各省鹽課關係重要不容虧欠雖事在前清亦應一律追繳固正辦也後鹽署成立仍秉斯旨飭屬追欠滇運使卽以前石膏井提舉李慶恩虧帑幾四十萬揭報而李固李經羲私人時方夤緣爲財部司員總長秉督辦亦皖人與經羲爲至戚遂示意署長擱置不理焉又蜀人楊尚懿以滇白鹽井提舉挾款潛逃後化名寶民自稱總司令以討洪憲羅佩金保授少將人有言於鹽署者署長以李虧款鉅萬且未究楊挾武人力更無如之何遂不復過問

晏安瀾者清戶部老司官後任鹽政參議負有清望者也入民國授四川運

使其視鹽署人員皆後輩有所干求殊無裁答廳吏因指摘其公牘以示意晏憤甚竟不通慶弔自是十呈九駁以激其去晏果請辭而稽核分所洋員見其勤懇廉直急電總所乞留總辦乃致函挽留且戒署員毋吹求治洪憲禍作川屢被兵晏皆留蜀者亦洋員之力也

稽核總分所皆置洋員其職爲監督鹽稅之收支經存徵收之稅款以保護債權爲主勢力較小於海關稅務司然以產場及榷運局所舊弊難澇而榷運員竟有挾款潛逃者稽核洋員始逐漸干涉此一原因也頻年內訌武人意猶割據政府不能節制非賴洋員維持鹽政亦將失其統一精神此二原因也

淮商殷富者莫過贛人周扶九周碌碌無他長而能奉張季直爲司命張亦

利其名財藉資營運在前淸時卽持改革鹽務議未及行改國後又言之頃
城頗韙其說熊秉三助之尤力然諸鹺商多不以爲便丁恩考查各省鹽務
還亦納衆議謂張說不能行袁氏無所折衷令部署從長籌計時張門下健
將楊廷棟卽揚言不用其說則淮鹺先不可理且彼將結政黨以抵制鹽署
要人於是參事秘書廳長等僉以此輩得步進步今已大肆要挾若從其議
勢必紛引黨羽把持盤踞我輩且無噉飯所於是盡情痛駁議以不行政府
倘以少事周旋某署長以若等空論絕無經驗深爲洋員所惡若强行之後
恐提款多杆格袁意亦息其時新聞記者時搜索鹽署隱事登之報章加以
醜詆或謂出楊氏指然莫能指實平心論之張議實直切可行惜用人難得
廉士也

全國烟酒公賣局

袁政府財政非不充裕以圖謀稱帝盡耗於無形之暗支其時賣國借款尙不至如今日之盛故周緝之長財政時建議重徵奢侈消耗品稅以補助入帑公府會議袁已首肯而在座者謂非先改海關稅則徒重徵於內地旣傷國體而稅入亦無多不如其已衆以其說中肯多附之者周氏說暫輟退而謀於僚吏有才士某者以烟酒收歸官賣之說進喜甚立告之袁氏適公府顧問濟濟如思逞能結寵乃創爲名公賣實加稅之議袁亦韙之於是烟酒公賣之制頒而京師全國烟酒局成立其組織法設總辦一人會辦一人文牘主任二人科長三人科員十六人調查辦事員各若干人直隸於財政部除文牘處專理文牘外置三科治事而分科之法至不倫類蓋第一科掌稽

查各省公賣情形及稅捐與征收款項之稽核。本署經費之會計。第二科則管京兆迄黑龍江十三省區之公賣及稅捐。第三科則管江蘇迄四川十三省區之公賣及稅捐。是第一科以事分。第二第三科以地分。已覺可笑。且第二三兩科似須受第一科之監督。故識者皆訾其支離焉。

英法於殖民地發賣鴉片烟。皆歸官立公司。故煎膏發行。並公家事。今酒仍商釀。烟仍民種。商購商運。特分區設局。另徵其稅。而名之曰公賣。實則洪憲無賴政策之一也。初仿鹽務署辦法。總辦多以財政次長兼充。後某次長頗專斷。總長患之。乃另易一私人為總辦。其人巽順謹克。事皆請示於總長。故部局瀣沆一氣。至今日以議行烟酒借款。局竟獨立。總辦直隸於大總統焉。

公賣初行。慮羣情反對。勢須仰仗地方官之維持。故各省會局長皆將軍巡按所指薦甚有以軍巡兩署秘書兼任者其下各區分局長遂爲省吏所有京局徒爲署諸而已鈕元伯任事少少集權中央然浙江煙酒公賣楊善德勒薦其秘書雲韶雲江蘇奉賢知事並非簡任職存記人員且亦毫無財政學識財部初擬駁復而鈕氏知楊爲段芝泉腹心竟勉強從命各省睹此狀紛紛效尤鈕不能復耐多拒弗納因此頗開罪北洋派後之免職拏辦斯亦一原因也

第一科轄地以東三省爲第一煙酒並產在清代稅已甚重而燒鍋皆晉籍富商按季輸稅無一欠漏餘則直隸山東諸省甘肅雖産烟而近年爲紙捲煙所奪第三科轄地以江浙廣東四川等省爲最以是兩科權利相等而居第二科者則羡三科多南省煩盛商埠三科又羨二科多轄煙酒出產之地

因羨生忌忌則恆起衝突往往兩省區交壤地方偷漏稅課外局呈京請示則互相推諉甚且第二科謂曲在四川第三科又謂曲在陝西蓋四川屬之第三科陝西屬之第二科也總辦苦之謂若然則本局內當專設一平政院矣況兩相爭持都無利益徒爲報館口實曷若其已乃屬所親置酒爲兩科人員和解吾聞之贛人某君蓋曾充京局科員者某君謂某總辦初接事日洊員者紛至沓來所收銜名薦條多至二千餘張總長無法應付囑文牘主任函告各省局長令爲置頓各局長覆謂督軍省長指洊員甚多已苦人浮於事若予拒絕以後商民發生抵抗不藉力於地方官又無從維持若既受武人省吏之洊復加以京局囑用人員則照現設缺額增多十倍亦恐不敷總辦殊無以難也

鈕元伯初任四川納贇爲沈秉堃弟子揣摩迎合皆有師承其在民國初任觀察使繼巡按陝西總辦菸酒公賣雖始由李九汲引於袁氏而實賴辮帥之力因其屬贛籍也故其任事以後凡辮帥所荐人舉得優差有某局歲入至豐固皖籍某員所任而辮帥適荐其門人鈕遂移皖員劣地而以遺缺授之辮帥門人皖員本段系辭職赴京逢人輒毀鈕未幾復辟事作鈕附張且以鉅款接濟辮軍及馬廠軍興段閣復現鈕遂褫職拏辦名固附逆嫌疑實則以荐人種成惡感近乃展轉投入陸幹卿幕而取銷通緝令焉

烟酒公賣本託名官督商銷然局內官辦棧由商辦而各局有徵無賣實與各國專賣之制大相逕庭所定公賣費率復因省界區分絕不一致最重者京兆地方有至百分之五十最輕者熱河僅抽百分之十又奉天之牛莊高

梁通銷南北黑龍江之烈酒暢行俄邊浙江之紹興酒全國所嗜飲皆產酒區城之最盛者也當定公賣費率日本擬加重是三省適某甲任科長與奉天燒鍋商有連因言奉稅本重若再加數倍沽業必爲日人所奪蓋日商舊啓釀肆於瀋陽並不納稅也故僅定爲百分之十二紹酒則賴某署長力定爲百分十五署長則紹人戚舊多業沽也一日者第二第三兩科科長會議欲定爲普通費率俾無畸輕畸重之弊總辦亦首肯而科員紛紛不以爲然繁徵博引就各省利病指陳得失遂仍舊貫或謂科員各有所私實則外省糧價酒價生烟價熟烟價貴賤懸殊欲求劃一談何容易以價之不同而費率高下亦異因情理所應有特奉行未善與商民時起衝突視貨稅局所尤甚焉

文官高等懲戒委員會 附司法官懲戒委員會

熊秉三任熱河都統。組織官吏懲戒會。自謂行之有效。迨爲國務總理。遂呈設文官高等懲戒委員會於京師。所司則議決高等官之懲戒事件也。置委員長一人。委員十人。凡行政官吏除贓私案屬刑事。應提交法庭外。其餘瀆職違法等情。凡當受處分者。皆由此會議決。懲戒前清吏部議處以革職爲止。過乎此者則交刑部治罪。與今制略同。惟清代分公私罪。公罪准抵銷。較今少詳耳。鄙人某君曾充懲戒會委員。謂有十不可解。嘗舉以告著者。今忘其三而記其七。特錄之以供讀者談助焉。

清代處分至輕者罰俸三月。其實官不恃俸爲生。而所領亦多經折扣。已爲掩耳盜鈴。今則改爲減俸幾個月幾分之幾。並無標準。徒爲煩瑣。一不可解。

也清代官多實任故罰俸法可行民國實任官無幾凡交付懲戒者多已經撤任俸本無有何待乎減二不可解也記大過大功從前乃督撫藩司專柄幷不報部以功過隨時可抵銷且實際無關乎遷黜今凡付懲戒者强半以應受記大過處分請大總統訓示施行毋乃不勝其煩乎三不可解也清制凡實犯專案之官吏始由部議處若疲軟不謹諸官則或勒休或革職不待議處誠以論事則空洞論人則斷不可使之臨民今則有以侵吞浮冒衰弱放縱而付懲戒者矣四不可解也往者在官人員或署事或供差本身必有實職今人人可以供差撤差之後卽與政界脫離關係懲戒會雖執法繩之實同具文五不可解也平政院本爲行政裁判機關事務清簡官吏處分固應歸其職掌今乃特立專會不類不倫六不可解也議處事歸吏部者以官

吏履歷皆部執掌雖一案議處仍須調查前後事實故奏案中必聲敘某官或前因某事已受何等處分今又受何等處分或某官應得降級處分而係公罪可准其查級抵銷今則懲戒會並無官冊委員十八匆匆議決更不暇旁參曲證七不可解也而此乃其組織之闕點更請言其事實

會設十委員有老官僚公事嫻習而不甚解新法律有學生雖知新法律而公事生疏更有新留學歸全不知國內情僞遇官吏以私罪付懲戒者應輕應重都屬茫然且事須開全體委員大會必多數同意議决書乃能成立往者某委員長頗明達事理衆議不倫者多所裁正羣以其專斷鬨會半闕席不到往往元首交付懲戒案件數月不能呈覆京外各縣署具文催促府秘書廳因致函責讓而衆猶不肯至會委員長對人言之憤激至不可耐云聞

請託亦所難免每有據被劾人員聲辯不加詳查遽從輕議者陳二安知其然兼任四川巡按日劾治貪吏多皆一面呈請褫職一面即自行收押追款從不請付懲戒董鴻侍已齎鉅金至京以此卒無所施其伎倆尤異者前黑龍江嫩江縣知事姚明德以侵吞公款交代踰限訥河縣知縣楊魯以承辦工程款項不實此關繫公帑與私人操守當然褫職仍勒追款項而姚明德僅受減俸八個月三分之一處分楊魯受記大過處分又肇州縣知事孫之忠以縱容痞棍勾結朋比此案情若重即應提交法庭至輕亦當褫職而亦僅得記大過處分見者莫不絕倒或謂是時委員會長爲某代理難免瞻狥此道揆法守所以蕩然無餘之由也而熊氏生平以經世才自負而蒞官數省一無成績執政數月請立是會其於官方吏治寧有絲毫裨

僉耶

司法官懲戒委員會組織與文官高等懲戒會同惟少一委員法官舞文枉法已成民國習慣而不聞有置重典者某地方官推事以受人請託判決不公提交懲戒並未褫職又某書記官長塗改供辭事已證實以其戚方爲法部參事遂據其辭辯僅以疏忽從輕議懲了事焉

國史館 各省通志局附

湘綺老人以遲暮之年游戲三昧而膺館長之職時幾三年一帙未就有同虛設矣其時纂修協修半皆湘綺門人深經訓詞章者固濟濟而未必皆史才也故並居京師支乾俸優游於文酒聲歌之會儼然清代翰詹衙門官而俸入十倍之眞玉堂仙人矣

98

湘綺以撰湘軍志得名。其書不諱私親。不避權要。專持公論。而紀事之詳絜有法。遠邁魏默深。袁慰庭雖不學。獨嗜是書。故議立史館之日。即內斷於心。以隆禮聘此老。他有薦引者。並置不顧。然此老頑固。深不以共和爲然。到館。年餘。人叩以纂至何處。笑答曰。方纂孫文本紀。猶未就也。又謂歐陽修五代史。創伶官傳。今當仿之。創偉人傳。宋芸子謂人物當依三國志通稱。傳固正論也。湘人某以王氏弟子。有寵於袁。適任府秘書。意不爲然。蓋欲尊總統爲紀也。某協修草開國史。全歸功項城。於武昌起義者。有微詞。他民黨則醜詆之。館長雖不賞其文。而嘉其義。正擢爲纂修焉。其時財政已窘。京官俸既有折扣。復不能按期發給。獨史館仗館長老面。元首諭部庫。按月動支。一時夤緣入館者。實煩有徒。周緝之方長財政。主裁汰冗員。嘗一單汰館員二十

餘人湘綺憤而與爭賴某總長設晏調解始已

清代史館第傳人物皆依據呈送事實履歷匪特無裁制且亦難免舛錯民國肇興以國體改異自不能仍循舊日史裁如開國事蹟在前代則另有方略館以編纂之而今併歸史館幾於無從著筆某爲收掌年餘未收一藁本乃襆被還鄉去館中人若無知之者一日有大總統交下某武人事蹟應付史館立傳者某纂修欣然命筆爲之傳成送館無人收納親交之館長館長謂其多諛詞竟竄改加入諷語聞黃陂正任後以與武人有舊始囑史館吏正焉

湘中輕薄子某甲少從湘綺游者也時供差國務院而無所事事排日必至史館諧談人以爲必館編纂一富商死以生前曾蠲資興學公益拯濟災區

其子乙欲宣付史館立傳費萬金餽送同鄉京官爲具呈一日啓讌甲亦在座大言曰不厚酬史館諸公雖奉命宣付亦無褒美詞也乙信之立出千金畀甲囑爲打點甲以入囊事後館中人有知之者迫爲乙父立傳故先擬貶辭因人以示乙乙憤甚欲訴甲於理甲以無憑證初不懼已而館員亦多起鳴不平者至令門者拒甲不聽入館大窘求救於館長館長笑拒之乃貸資於楊晳子以六百元遺司編是傳者遂易褒詞事始寢或人謂甲雖取得千金而館員無分其毫釐者未知孰是云

自湘綺歿館勢幾渙後以經費不繼而黃陂頗欲恢張共和功乃以屬蔡鶴卿蔡慨然受任適方爲北京大學校長因改館爲國史編纂處附之於大學焉蔡自兼處長下設編纂若員皆用聘書弗爲官吏中多淹博之士而名並

不彰者如江甯人鄧之誠之流至此背視前減數倍而纂成史反多於前未必非蔡氏之力乃以五四運動京大罷課當路謂出蔡指而欲敷衍學生又不能不復其職遂以國史編纂處改歸國務院另任處長以示裁抑其實蔡初不以此爲重輕而編纂諸君別無奧援竟一律解職而易以老官僚多人焉

新受任之處長徐鳳蓍籍蜀之榮陽程德全鄉人也本清老吏曾歷東三省以能詩稱文學並非所長也奉天平康里倡寮多其詩詞聯語殆亦報館名士之一流國史前途可知矣

清史館

清史館有前代之實錄、方略、會典事例、國史稿本可據前事則少爲整齊排比後事之待編纂者固寥寥無幾也趙次珊自奉天都督還朝不甘野處自願編修清史以酬故君袁氏即如其意以畀之然趙氏雖起詞林僅工帖括著者嘗接其幕僚浙人陳某謂次老擅長文字在簡明告示則其學可想矣且修清史之難不在乎搜輯編纂而在持論之公允蓋民國開基之人物半勝朝之老吏趙氏己身即附載澤以起而私取奉天財政局帑事乃徐菊人所彈劾又釀成四川革命者則其介弟爾豐就此數點論欲無曲筆已非易易況對於袁徐馮段諸人哉然其進行則較國史館略速大約及趙氏之身可以蕆事纂協修等約分四派趙之私人若金還葉景葵之流一派也前清遺老若沈子倍秦幼衡之流一派也旂籍文人若慶博如之流又一派也眞實學者若張孟劬之流亦一派也第二派以僚友舊誼第四派賴之以編書

第一派多富人特籍此挂名朝籍第三派則與趙有連者蓋慶父嵩昆曾任黔撫潘爾巽官知府賴其荐達也他可類推遺老之供此差者按時支薪並不到館亦從未編纂隻字焉故俗亦稱清史館爲養老院志士羞附之若葉爾愷章梫諸人趙雖堅聘不赴葉且其婚媾也

某君供職史館四年歸告著者曰唯張孟劬所纂后妃傳差有史法他無聞焉叩以德宗本紀後半如何著筆答曰一言以敝之則爲袁氏洗刷而已某纂修者狂士也嘗上書館長論史裁頗褒貶人物趙陽嘉納未幾以經費不繼裁員某與其列焉

趙爲老吏中之最新者有時着西裝踢球打彈以表示開通隨從者則其妻妾與史館事務員或謂事務員某某皆其戚誼故出入趙邸若私室且時共

內眷爲麻雀戲趙所倚重者則胡軍巡閱使張雨亭有詩張胡與中央齟齬必賴趙爲調停則館員亦因之生氣勃發蓋薪俸積欠可發而有寵館長者且可因此乞薦入政府焉

某旗員雖起家甲科而儉於學入民國以世伯軒力薦之清史館初以諮議等掛名職進而爲纂修任纂大臣傳頗有錯誤同事者微諷之某因欲炫博則附會小說稗史雜入諸臣傳中若索額圖、明珠年羹堯、于成龍施仕綸等、說部中多有其事蹟並爲纂入趙私事煩館事特總大綱史藁多不厝目固弗知也後爲沐籍某君所見乃強某改之某謂小說不足信何林琴南爲社會所歡迎而蔡鶴卿且提倡水滸紅樓哉聞於明珠傳中載有其子成德小說家名之曰賈寶玉云云悖謬至此或告者之過與

幣制處

幣制處何爲而設袁慰庭特爲位置梁卓如計也溯遠因於戊戌二人本深仇然華夏光復梁不能不歸國而爲民黨所醜詆勢不得不託庇於袁於是結共和黨以主持中央集權示與國民黨立異袁未必不知其意而可藉以排除孫黃諸人從此乘仇尋好深相結納熊秉三組織第一流內閣梁爲國務員閣倒連帶辭職袁乃設是處以處之特任爲總裁其名則司改良幣制然幣制改否付之國務會議可矣安有專設機關之必要故其時卽有改幣借款之說其議固發於熊秉三梁熊則一鼻孔出氣者衆皆知袁之任梁將賴以借款而歐戰大作銀行團無力續借梁亦自知終不容於項城遂去之津門以著述自娛是時雖有總裁之名而幣制處已無形渙散矣

當梁爲總長時共和黨中人多任參事司長者湘粵籍居半末幾梁去衆幷
不安其位適幣制總裁命下衆視如稅務鹽政以爲必員多俸優遂紛紛請
辭仍投梁乞位置梁初擬處制亦頗鋪張而上之袁氏久不見交院議施行
催之以原稿遺失對再進仍無消息惟飭財部送梁以總裁俸知旨故僅設
秘書等數員諸人不得位置者乃分薦之教育部經界局焉
曩者幣制之爭焦點在七錢二分與一兩二者長篇大論殊爲可笑梁初主
金本位洋顧問某謂無財力整頓任何本位皆不能行衆俱知其意在借款
也然梁猶愛名譽若損失主權過巨之借款所不敢借故其任總裁時日本
資本家屢叩其邸卒不得要領去其時梁尚主親日也已而洪憲禍起任公
南下舉義幣制總裁遂不復設近歐戰已定大借款說復興周子廙以親美

派靳翼青邀爲財政總長而安福系拒之近聞將畀以此席雖幣制改良無望而周果受任必因此以謀借款而處中組織亦必大擴張焉

全國水利局

導淮計畫張季直提倡爲最力自第一流內閣倒幕梁既授幣制總裁張遂授爲水利總裁設全國水利會於京師其組織法直隸於大總統設總裁副總裁各一人視察僉事主事技正技士辦事員各若干人掌理全國水利並沿岸墾闢事務說者謂袁政府特設之署局皆意主因以借款此則因導淮借款而設也然外債盡用之稱帝及國內用兵導淮議遂虛懸總裁則早已南下回籍自營實業初尚以副總裁代行職權已而副亦無人然各省水利協會均各存在測量墾地尚在進行水利局或終有轉運之一日乎

局初成立元首交議事件則奉天遼河柳河直隸永定諸河之修治然需費皆不貲故某副總裁即建議大借款治水而令其門人某至奉視察日本某報遽登載奉天治河借款當先儘日本且工程及墾務亦當聘日員經理省吏大駭促某速反京副總裁冒然言之項城謂奉地方官不應逐客而奉吏又謂某招搖冀私借日款雖敷衍息事而直隸河工局亦成立屬之內務部自是水利局視察鮮有外行者又僉事某師範生也以與齋老有舊得任是職自以兼理墾闢必饒權利遂化名立一湖田墾闢公司以其戚某爲幹事將從事招股矣以爲私藉公力必進行無礙而農商部謂與墾荒公司註册手續未符適導淮借款議寢中央無心及此水利局大裁員某亦在內事竟消滅而民國官吏恆倚仗官力以營農商業往往致富宜某與弌人之慕矣

步軍統領衙門

民國官制揉雜。步軍統領衙門。其一也。清代凡明時太監職掌。皆易以旗員。步軍統領。卽明之提督東廠太監也。主管九門門政。故又稱九門提督。管巡捕東西南北中五營。司緝捕盜賊奸宄。所轄兵士。皆旂籍番卒。則漢人也。民國初元。本擬裁撤。趙智庵謂其足補警政所不逮。乃託言事關旂制。遂付緩議。其後袁以心腹江朝宗任事。權力日增。於是設總參議廳。其下有總務廳、軍事科、執法科、軍需科。以營制向分左右兩翼。故又設營翼總稽查處。直轄則四郊車捐總局、總軍械庫、將校研究所等。當前清凡都門之私倡私鑄。窩戶等類。皆行賄提督署隸卒。乞其包庇。今則權操警廳。步軍署專司城門啓閉。四鄉車捐。有事時幇同彈壓而已。

京城內外城車輛。向歸工巡局收捐。復移歸警廳。而附近鄉郊地方。則撥由步署征捐。大約騾車、駝騾、牛車等。皆在當納捐之列。為數甚鉅。歸總務廳管理。聞之數年前。有收捐員。照式私刊捐照。付之鄉人。款則入己。凡數月。囊橐已富。請假挾資去。又有以中交鈔繳捐者。尤多折扣。譬如市價五六。此則作五一、五二不等。至佚照補請。或買賣駕車牲畜。亦往往受人敲詐。故近畿游棍。假步署名義。磕索鄉人車夫者。實繁有徒。皆由車捐以起。前聞有公民提議。改歸自治會收納者。事卒不行。

游緝隊專司偵察。近來販運私土者。觸處皆是。亦不肖隊士生財之一道也。有晉商某甲。舊營車店於京師。八年前歇業。則來往大連、哈爾濱之間。販運紅土。一日以騾車裝運而上。坐一婦人。車距城約三里。突遇翦徑者。大聲呼救游緝隊方出巡近地聞往救捕則匪已去驗所載纍纍皆土也將執而獻諸官適卒伍中有與甲舊識者爲排解贓若干圓了事蓋車站及崇文門稅局搜檢嚴此輩奸商多出他站下車而僱車飾爲載婦女或病人者稽查不及覺而是毒品已運及目的地矣

近所練兩翼五營名皆旗籍實不盡然以旗人雖貧甚而不能耐勞苦者多也大約番卒易名承充者不少又京旗咸以官爲業鮮治生者國體既改官不易得其匱乏者自縱婦女賣淫以爲活故邇來京師暗倡之多不可勝數警察勢雖洞稽而步署吏卒轉知之甚稔名同旗籍不能勸導維持反從而魚肉之輓近人情如此可爲一嘆

江朝宗以步軍統領受黎命代理內閣而從來任此職者皆有寵於元首近

之王茂軒則舊之東三省總督中軍徐門第一紅人也每京師有意外事警力不敷彈壓則步軍出而維持秩序又有護軍管理處設都護使副都護使各一人下轄總務司法兩科亦以位置滿蒙人員者實無所事事

京師警察廳

京師警廳隸屬於內部置總監一人都尉九人警正三十九人警佐百廿人技正二人技士四人分總務行政司法衞生消防五處以居首善爲中外觀瞻所繫枉法舞弊之事自較外省爲少而限於財力衞生及諸工程多未設置完備加以京師遍地貴官勢燄熏天警士對之安能行使職權致數言整頓而警政了無起色今試述其弊之在總監者在諸員司者在偵探者在警兵者

總監歲入之豐過於內務總長京師人類能言之然歷任諸人不聞有枉法者則經餉收捐出入至鉅宜可自豪惟地方官有京兆尹而維持秩序又有步軍統領及諸軍隊故爲總監者例不甚負責任某任此事頻來往於元首總揆之門到廳日寥寥苟有意外事則以電話分致各處要其維持彈壓故人稱爲電話總監又自孫伯蘭長內務市政廢弛至於今日凡關係保安衞生上之種種工程皆可諉諸內部與市政公所某總監嘗謂願日日在戒嚴期中左右詫其言進而叩之曰戒嚴則地面治安自有戒嚴司令部負責吾擔其少輕乎此弊之在總監者

三 總務處掌會計行政處管理營業建築衞生司司清潔化驗此在劣員皆可上下其手者往聞某司會計清釐撙節人無能干以私若同事惡之一日送

總監俸中忽有假鈔若干總監怒罵某竟不保其位或謂此有人串通總監左右所爲也又某管建築凡商肆建屋築牆呈送圖樣初則擱置不核以待請託甚且多方斥駁衆苦之訴諸商會時馮潤田爲總理可直接與元首談話勢等貴官經彼一言某遂調他處或謂所得並非某獨有衆皆有分也又某司醫藥化驗凡藥房皆月有定餽嘗以辦理防疫請加清潔經費而諸務仍舊唯通衢要道增加清道夫共不過百人按月多購石炭酸若干瓶而已而預算月費須加萬金實可駭人聞聽其各區警署則視人之手段何如爲財政之豐歉然不致若外省之包庇煙賭也此弊之在諸員司者

偵緝隊司探訪凡充探員者必先熟知盜賊奸宄之情形乃能勝任故大半皆過來人否亦流民奸胥之流欲求其奉公守法難矣其大宗進項莫踰煙

賭京師煙窟秘密下流社會不得入且皆名營他業但必與警探通氣耳販賣烟土者頗多探士之雄於貲者則多布爪牙以偵私土多數報官少數入已達官貴人之賭不敢拏光棍地痞之賭不能拏其可拏者中下等之商民耳聞有粵人某暗啓賭館於京師一探士爲司風遞信月得賄五百元他可想矣此弊之在偵探者

警兵作弊不易京師尤難惟截獲賊贓竟有隱瞞不報者其他規費大約有頭目人取之人民而後分之衆警者個人單獨索賄之事却不恆見往有警兵某褻苛刻車夫衆所痛心一日站崗梁家園西突爲人擊傷且搶其槍枝去以示報復此弊之在警兵者

督軍署

督軍本軍官而實握一省政權省長必得其驩心乃能久任權力視淸之總督省長則巡撫也署中有參謀副官兩處軍需軍法各課及秘書廳軍務廳而諮議顧問等官不與焉經費年約三四十萬凡不屬國防軍隊舉其所轄且有以督軍仍兼師長者任何操行狷潔之人一任督軍莫不立致巨富歷年久者數或百萬或數千萬以上其生財之道取之餉需建築服裝者爲小數取之軍米軍械者數較豐若取軍費以營商業鑛務甚且販鹽販烟或賢戰事防務勒索重餉於中央則數皆不貲宜督軍皆富家有開一壽筵而用貲至數萬者淸代督撫視此誠小巫之於大巫矣陸朗齋於陝西以私種私運獲金千餘萬而隻身脫難張敬堯以鹽富張雨亭以收荒地富楊樹棠旣歿第四師軍需處挂失之票捌萬元而其妻認爲己資夫以督軍夫人存款

軍需處何以知其數目與夫支券號數是誠不可思議矣唐蓂賡熊錦帆皆假託護法大開煙禁禁開則總師干者即可攫得重金大約一省差缺腴差必先儘督軍所薦員委用而省會警廳長財政廳長尤必須得其同意否則軍警必交鬨財政必坐困於軍需督署秘書恆兼他差至參謀長副官長等則父兄子弟必居優差優缺外交則護之文官遇亂事勝則晉勳發財敗亦無絲毫處分失地逃避苟有人情仍可穩居將軍府月取千元視彼督軍眞民國之驕子矣

參謀長者督軍之腹心副官長者督軍之咽喉非大得寵者不能任更有以參副兩長兼管衛隊者所入尤豐某甲本窶人子以留日士官學校歸後得任某督參長適值新建軍署及置擴築營皆所經手富踰十萬更有萃力以

緝捕黨人圖分賞金者亦有挾制督軍分其贓私者大約必與副官處通氣事方靈敏副官卽清代督撫之巡捕以傳達稽查爲職恆代其督軍經營私業某任某軍署副長時至侵扣遣散黨人費以自肥又某省某師開赴前敵爲人煽惑勢已岌岌副官長請行囑攜五萬金勞軍而先據三萬爲已有後實費僅萬五千金爲師長一人所得叛謀遂中止而某則三萬五千元入橐矣又某軍署參謀長副官長均督軍弟子軍需課長則督軍快壻也三人皆精幹互相爭權衆稱之爲珍珠瑪瑙金剛鑽珍珠指參謀長謂其圓到漂亮若走盤之珠也瑪瑙指副官長謂其雖紅而價賤忝列八寶中也金剛鑽指軍需長謂其尖利無堅不破也一日爲督軍所聞值宴客謂幕僚曰三人被此美號吾將何居時諮議某已被酒含醉對曰明公其盛寶之櫥乎有此大

櫥諸珍乃備督軍不知其爲諷辭也軍需長在座悉其狂後假事誣以亂黨嫌疑非賴人救幾罹槍斃云

參謀副官非軍官不能任秘書科長科員諮議則不拘資格究鄂人某以留日法政學生歸倚黃陂力得爲某省軍署軍法長其人固吸煙身弱不能早興一軍官參謀長戚也以侵餉歸軍法課訊辦某不受囑託依法嚴懲參謀長銜之自是每晨六鐘即遣之來不容少遲未半月某已委頓不能起乃告督軍以其癮作曠公然督軍實吸烟特妻妾外無人知之者聞以爲諷已某因此乃得保其差使

某軍署譯電員某月俸五十元然喜狎邪纏頭費一擲百金不惜服御尤輝煌同事者妬之紛騰謠諑於副官長所寵妓復爲某督醋海波興而某弗覺

也。一日。督軍親率侍弁。突蒞其臥室檢查。見服用華美。督軍怒甚。跌足嘆息。謂吾兒爲小子所誤。呼弁縛之。某惘惘不知犯何罪。已而搜其篋。得滬某銀行函。蓋某中某獎券二彩。得萬金。由銀行匯來者也。督軍恍然。問得彩何事秘密。曰。是間多親友。恐告家長則己不得恣用也。遂略申斥數語。皆誡其奢侈者。遂解縛了事。未幾。副官長竟免職。

其尤易滋弊者。則偵緝處。當袁政府時代。此爲各軍官考成。歲糜巨帑爲偵緝費。於是有調查員。探員。探士之別。且各分頭二三等。非投誠之黨人。則無賴之遊棍。每一統率辦事處電至。則此輩財源開矣。平日揑造報告甚。且僞製證書符號。及宣言書名册等。以聳動。故偉人之名。大半皆偵探所造成。果能緝獲民黨重要人物。賞金雖豐。而將軍參謀副官。層層剝削。探員到手。不

過十分之二於是紛紛自向中央接頭而統率辦事處軍政執法處與參陸海三部之調查員亦聯袂南下矣

省公署

省長爲一省之最高級行政長官道尹縣知事等其正轄屬吏也財政司法則以受政府特別委任有監督權近復兼轄教育實業兩廳其權力視清之巡撫爲然以武人權重不得不屈節以事督軍又畏省會彈劾不得不聯絡議員故營私舞弊之事雖不能免而心終惴惴某任四川巡按本爲將軍汲引於是財政廳官銀行等皆畀任私人部有駁詰則挾將軍力以抗之經徵員各視所入報効三成巡按與財廳長勻分之又多製紙幣以屯購軍米收買官產現金盡入私囊其弊竇爲各省省公署之冠其人後雖提交法庭而

卒賴金錢運動力僅坐輕罪又蜀人某署甘肅巡按委員知事皆懸定價盡廢資格一陜人素販帽纓售之京師富至數萬入民國失業乃以三千金爲其子運動署甘肅某縣知事履歷捏書前清後選道皆巡按署所代造是尤荒謬之甚矣

某省長以經衆醜詆知不久其任適有奸商請弛米禁遂大膽批准實納其賄十萬也已而賴某要人力政府久其留任而訪壻軍署財政廳得米商賄且二十萬而省議會質問則第詆省署以爲過歸已而賄乃視他人爲薄大憤欲更前批而軍署持之力竟無如何大約販米運煙賣鑛皆前代奸商劣紳所爲者今利歸地方長官矣任用知事等官前代有扣選有部駁且須兩司上詳而實缺人員必奏經飭部核准今則實缺少委用隨心無論何省知

事官非他有奥援必不能在任至三年而江浙兩省吏調尤煩更以某缺調某缺者爲多宜人言嘖嘖蠶稅雖歸財政廳任用而省長囑委者固當如命以報如江蘇稅局以上海無錫下關爲最優無錫爲省長姪壻下關爲省長世姪上海則傳聞所得之款歲提若干以報効省公署某甲任某省長未抵任時即通書某地某大老執後輩禮甚恭既受事又畀大老子爲第一科科員弟爲教育廳科長自是報紙士論皆有頌言所送預算案省議會絕不吹求即爲通過無何突以霹靂手段攫某地礦廠爲官有爲之鼓吹贊助者即亦某大老也已而二人竟參商大老幾以忿死衆莫解其故後聞所親知內容者曰大老垂涎礦廠久而又不欲歸公司辦甲知其意許以先收歸官間接以歸諸彼喜甚故畢力贊助目的已達甲竟食言以之抵押債項入私室

三十萬自是與大老疎闊大老身被衆譏而一絲未得託人告甲謂將以老命拚之甲笑置不理此老愈忿乃告督軍督軍果怒省長亟以十萬元爲壽事乃已

省長爲封疆大吏而冶游飲博則有同駔儈許俊人官福建賃屋城外貯妓時共幕僚縱宴孟秉初官吉林游長春日大召南北妓女優侑酒竟以罷官尤奇者邊省某省長微服偕庶務員出宿倡家庶務員乃串通他人就青樓中困之費二萬元始得出某尤不悟謂非得庶務爲調護己將不免酬之以甲等知事缺某竟娶是妓之官省長聞之忿欲死假其經手浮支事劾罷之政務廳長者省公署之主任佐省長爲治者也然亦視其人爲何如若浙省之廳長某甲則權尙不逮秘書長蓋省長本欲擢秘書長某乙掌政務適乙

方覬覦省關監督以政長例不得兼差遂薦甲自代未幾乙果兼省關而省署用人行政權仍操其手甲特代表省長蒞會見客人擬之爲省長模型焉又鄂人某任前清四川道員以善烹調得上官驩入民國劉心源薦任湘政廳長務頗賄賣官缺其法則一缺出彼卽擬人請委而托詞曰此人將軍戚友也不速委且見怪（時將軍亦其鄉人）否則謂是人與京中權貴有連劉本衰老竟聽其捉弄又皖人某前清山東道員三年前任陝政務廳長其人起家營伍專狎遊爲省長所斥則以開烟禁事反唇相譏省長無如何也

某督軍任省長以其弟爲參謀長不厭所欲乃令兼政務長以格於例故稱兼署凡半年積貲五十萬則鬻官販鹽所得也又某省長以宿逋重日恆鬱鬱政務長進曰近有商人願以重賄乞開賭禁軍署已運動成熟公如許彼

償宿逋且有餘省長喜過望囑某爲說和已而禁開賭殊不至問某某錯愕若未前聞者知爲所紿議收回前命督軍誚之曰我武人祇知諺所謂得人錢財與人消災而過河折橋之行所深惡也省長忸怩去而京電已來調某入都供他職矣其運動費亦取之於賭賄也

科長科員或歸政務廳節制而爲科長者必與省長有密切關繫故廳長對之不得不假以辭色若嫌其無能或厭其作梗則反爲之營求調劑使離省署特不能得優差缺耳聞某省公署科員某者實省長之西賓以假道學善談因果爲省長太夫人敬重以月俸代束修某雖排日到科然一至卽行初不辦公一日復辟耗至某靴帽袍褂訑訑入署勸廳長卽懸龍旂復宣統年號廳長厲聲斥之某忿稱病不涖館太夫人慮其孫廢學令人往速駕某乃

吐寶太夫人怒責省長不應慢賓省長弗獲已乃調之爲秘書始復來授書蓋以政務長一斥遂由五十元進爲百元後且酬之以統捐焉

秘書者省長之內幕爲其長者必腹心餘則界在遺老之舊官僚與夫報界知名之文豪數人所司則私書訓詞演說藁之類近世富商巨室凡爲長者稱奇必廣徵詩文所尤重則督軍省長之聯額遇此類事則秘書財源開矣撰書聯額有贈代表往賀又有贈浙硤石某商爲其母稱壽秘書某代表省長往致賀獲賸二百元他珍物稱是以歸衆羨其行已而上海某洋商慈善家也園林落成省長題聯額爲贈某復請行秘書長尼之另畀之所親焉獲餽遺果多於前

某君古文家也以某逸老薦得爲某省公署科員月薪六十元碌碌隨人未

嘗邀長官春睬。一日有慣弄風雲之武人號稱小肩子者至省長署之席間。盛談古文謂已嘗刋吳摯甫評選史記又友林琴南問公署中幕僚亦有林乎。主人不能對適某遺老在座舉某以對翌日小扇子以家傳來屬撰某乃師署川摹望溪以應大獲稱賞未二日已擢任第二科科長矣然實迂闊不能治事政務廳長患之乞省長調爲秘書某以薪減拂袖竟去無何入段幕省長乃任其子爲某縣警佐而於政務廳長深致不滿云

交涉公署

有特派交涉使除江蘇駐於上海餘皆駐省會又有交涉分署則駐劄商埠者也二者或置專員或以道尹與稅關監督兼充初無定制世謂弱國無外交而中華交涉轉須按省按埠設官者以失治外法權事涉外人者即脫內

務範圍也官雖隸於外部行政則當受省長之監督組織法則特署置四科分署置三科補黜之權純操外部以缺非甚腴而易招侮辱故民國官吏鮮久任獨交缺得數年不易人且可前後數任如陳安生楊小川之於江蘇是也自光復以來民教案漸鮮除奉吉山東與日本接近外交無理可言此外租界地方亦時有糾葛餘則發給游歷護照招待外國外領事直無事可辦聊備一官而已

粵人某甲以道尹兼任某省外交特派員蓋前清時之出使大臣也欲假事恢復租界上訴權己於署中置公堂且示審期矣外人乃禁原被及律師均不得上堂甲候兩日獄訟不至用大頹喪一日有德奥人獵于內地爲鄉民所侮外人照會來詰責甲立飭警拘鄉人送之租界審判署其不明事理喪

失主權至如此而以顏厚喜邀譽能演說當道遂信其能數罷數起焉又某特派員以督軍開煙禁頻受外人責讓忿極數千冒軍威以爭之督軍徉遜謝暗令人伺其過而總務科長者某之僚壻也素嗜煙一日爲警廳所拘督軍因晏外人席間起言予極主厲行禁烟柰官吏多陰違令警察所拘烟犯則交涉署科長也可奈何某囿在座聞之赧甚越日卽辭職

與外人交際歲時晏會禮不可缺鄂人某任東省分交涉員務爲苟儉公費皆以入囊遇國慶日則讓之道員謂主人當屬地方官外人請晏則以病辭道尹某疾之言於省長電部撤之去計所私公費不及千元既還京師運動復官爲公府侍從武官某所騙費三千金而消息渺然竟忿死春明客舍

留日學生某任某特派署通商科長時洋商所運棉紗偶爲釐局留難領事

來文抗議。適鹽釐局者某之鄉人也。乃爲密函告之曰。洋商以留難久須責賠償。現奉部飭賠款。擬責之貴局。望速以貲來。便爲營免。是釐員素拘囿。得函竟仰藥死。亦無人爲申理也。某交涉署譯員者。翩翩美少年也。初與外政科長之女公子訂婚。已而背約。爲交涉員所知。嚴斥其非。某隱懷恨。遇日領來晤。或公文至。繙譯故入以錯誤。坐是交涉益齟齬。日人言諸外部。卒免其職云。

教育廳

教育廳職專而權弱。地方官不盡受其指揮。索款過急。復易開罪長官。寅與僚滑吏紅員所弗樂就也。且積欠學款甚多。欲更一校長。必清結舊欠。而中學以上之校長。亦如督軍同盟。其黨盛望重者。視廳長蔑如也。邦上某君以

堅附河間得簡安徽廳長乃為倪嗣沖所拒不得之官至今以諮議顧問等職往來京省不求復任蓋亦深知此席之不易且無味也

某省教育廳長清代老官僚也蒞任後為所屬藐視某殊不以為意然自是遇學界風潮頗右學生管理員窘甚後請辭遂盡易以私人其中校積習重號稱難治則以附亂嫌疑解散之或謂校中藏炸彈為督軍搜得實某囑管理員所為也於是各校皆從嚴取締衆竟無敢與抗者當道器之非病死者且任督軍矣教育會長某甲初與反對後甲以其前任某校校長時有經手建築製辦儀器款項不實事為人所控賴某為覆掩得無事以是感激遇事皆與表同情焉

教育廳之科員及省視學所希冀則委任校長也然本籍要紳及有名教育

家遇各校長出缺往往硬荐却之有所不能受之則缺須不敷乃手啓通告以用人一秉大公不顧私交乞京外寅僚見原毋頻賜薦函已而某中學校缺出省公署第一科長薦其弟京師大學學生也拒之踰月省立商業學校校長缺出所委任則本廳科長之內弟高等師範學生也省署大嘩自是事事掣其肘廳長思入訴于京部已稟辭行矣省長乃電國務院謂其擅離職守竟易他人焉

某省教育廳由廳長發起儉德會有爲會長在廳人員皆布衣蔬食幹事長則某科長幹事則庶務員也學界入會者頗衆成立年餘推及各縣有人調查其內容則本廳科長科員視學以及各校校長等無一非儉學德會會員衆始知其爲特别機關教育會至投書質問賴運動力調任他省焉

財政廳

財政廳掌一省收入支出釐稅員皆歸其委任即縣知事之遷調亦得參議其間誠外官之津要也其大省之廳長皆財政總長選腹心充任能別開生面多籌收入者可上邀元首眷注而內爲財部次長鹽務署長菸酒總辦焉聞之關中某君歷爲廳長者也其言曰方今無米自炊討好實非易易第能僅守四字訣則官運亨通必矣一曰軟應付本省軍需無論有錢無錢而對於軍官總須軟求巧推切不可露一絲鋒芒以觸其怒二曰硬收入祗有此數而政府命令不曰推廣教育則曰振興實業實皆敷衍衆人耳目計耳於此等處當一手握定勿絲毫放鬆萬勿勉強支付使後來者接續而起至報章之毀譽更所不計矣三曰奇何爲財政家能開源是也但自袁政府以降

驗契、公產、沙田、鹽稅、煙酒公賣、已搜索殆盡矣非能異想天開另闢蹊逕收入必難增加於是乎種種新奇之苛斂法出焉四曰正此一字爲今日官場字典中所不見而任財政廳者有時反籍其力約言之則能以正論非絕私交而後用人之權爲己操能以正言應付議會而後行彈劾之風潮可免他若催征比稅亦當嚴令正色以行之而拖欠短少乃是一己之操守則不預焉夫軟硬奇正道不並行斯獨以一身兼之宜其可膺上考邀顯擢矣

滇人陳某固牧令官貴州緣事罷職入民國乃夤緣得爲財政廳長所轄釐金四十餘處無一非賄賣者過付人則坐省也（他省官場坐省皆家人滇獨稱省號爲幕友）各屬解款皆由坐省經手上庫因有所挾制坐省者於解款到日竟留以營運非年終不爲清解陳嚴催之衆竟反唇以對無何有

兩省號以官款買空賣空虧帑鉅萬逃之港滬陳乃因是褫職焉

財廳例設總務徵榷制三科置科長科員如額而另有庫員以司庫藏某甲任廳長日三科長則一僚壻一甥一爲督軍所荐其人恆在京若支乾薪者事皆科員某代辦則廳長之表弟也科員爲其猶子人稱之爲親貴內閣焉然四人中其三皆留東學生自命爲經濟專家於廳中開財政會議召所屬官咸赴會演講者則兩科長一庫員也所刊表册簿記式並精審又月以四百元津貼省垣某報爲之鼓吹甲蹤已半白猶西裝革履每各團體開會必至演說坐是聲望日隆得遷擢去去之日送者載塗然其在任日以公款販米賄賣税差又佐督軍暗借外債得回扣若干囊槖固富有矣某廳長以撙節爲衆所惡稱之爲猶太人在任兩年嗇出豐入庫有餘金省長思撥用嚴

詞拒之一日忽傾所有以清欠餉數至百六十萬蓋師長某將卸職乃因官銀號經理某爲說合實領七折計廳長入私者四十八萬酬說合人以五萬省長徵有所聞阻不任發事猶未决而財廳來報城外兵士有挾械入市者勢洶洶警力不能阻乞示方略省長大駭猶太人進曰禍在眉睫矣不速發者變立起省長無如何聽其所爲地方得無事商民中竟有稱頌之者

某廳長者性奇嗇當官日頗舞弊自肥而所屬幕僚殊不得分潤以同盟罷工徵之笑答曰令求事者踵相接若輩去莫愁無人爲替衆果不到廳辦公且列舉其舞弊條款來質問限日答復某不得已倩人爲調解調解妙法則後有稅差出當先儘廳員委用也以此事得解已而某盟諸員尚有秘密條件則一人調劑出外必按照所得提半津貼在廳者款歸總務科經理年終

均分之後得調劑者多背約年終分數寥寥衆忿之務挑剔公牘以快報復某則必爲平反衆喻諠津貼竟停止又有疑爲總務科長中飽者某科員乘醉毆之於倡衆致爲警察干涉某乃言於省長謂廳員積習難除非盡予撤換不可省長亦憤諸人不守官箴許其所請於是什易其八諸人欲再揭其舞弊事則已彌縫無跡矣某今尙居顯要其智計誠有過人哉

浙江某廳長民黨偉人也洪憲倒幕後財長爲其留東日舊友因畀以是席焉某即賄賣稅差上中下皆有定價一日委候補知事某任浙東某統捐腴稅也聞爲杭垣一錢莊所說合先付千元接事三個月後再付二千元其人到差兩月後以病重辭職某方思覓人繼續且擔認是二千金賄款而督軍已指薦一人勒之立委雖不敢拂武人意而心終怏怏不能忘情前賄無何

是人以病愈來謁徵露前千金擲虛牝意某慰遣之乃囑錢莊告以果能補致二千金者當有以酬報其人諸遂薦於省長委任某縣知事已而賄竟不至索之報以惡聲方思報復則已已免職或謂其人病非眞督軍所薦者卽其內弟其在差兩月正逢旺收私入已豐後且賴以得權知事所費僅千元耳又聞某嘗許其同學友某甲充某地釐捐以索賄不遂中道撤換甲欲扭之鳴於省公署餽以三百元始息事云

汴省財政廳長者前淸滑吏以河南佐雜起家東海之紅人也入民國曾徵漢口貨捐國內第一腴稅也而卸任時尚有虧欠其豪縱可想矣既就汴任其廳中科員强半追遭者私邸以姬妾衆多月費以千金以上而所入則視漢稅大減鬱淘甚制用科長某乃獻計請發行本省公債三百萬於折扣中

取其什二亦六十萬矣某喜其言於乘省長以某地礦廠爲保證專爲實業廳所聞執不可又慮財部不能通過議遂輟未幾復有獻計者請按四川等省例每縣置經徵員知事不預財政而經徵員必由廳委若此則範圍擴張生財自易某韙其說議實行乘省長本武人無所可否而諸官僉以爲不便乃暫止然某仍欲進行且時搜索羨餘給與某君任修武知事竟面斥其非焉

實業廳

實業教育兩廳設立未久其重要皆不及財政然吾國賴外債爲活揭債必先籌抵押品稅鹽各項爲質已罄幸地大物博外人方資我原料故言財政則借債借債則以實業爲質二者息息相通權勢自在教育之上說者謂實

業抵押外債第二步則必有人受政府意旨而糾資設立公司若無人反對卽由此直截引渡以歸外人若有反對則政府徉爲不省而卸其責實業廳廳長設以此免職不久卽他有位置且視此爲優焉斯卽民國振興實業之大計畫而各省設立實業廳之所由來也

某甲已被命爲某省廳長堅辭不赴或叩其故曰已成實業寥寥無幾卽有亦握諸强有力者之手吾輩無從干涉其他則商工各會恃團體以抗官則優爲地方開利源則絀政府已屆破產安有餘力以謀惠通吾何樂就此哉乃薦其表弟某乙以代乙至任林業借款成以一手經理獨得回扣十餘萬乃呈請撥官荒若干頃謂將置模範農場又撥官山若干座謂將置模範林場久之開辦經費不至告省長曰費絀聽地荒廢可惜不若招商辦理或以

山地既價售之人民適省庫如洗竟從其議山與地皆爲某墾荒公司以賤價得之組織公司者非他卽乙化名所爲領荒費則取諸林業借款回扣也以此營運年年寄家至三十萬且驕甲曰今竟何如甲太息曰今而後始信諺所謂事在人爲

清代某殿撰入民國以公府秘書外任戇省實業廳長行之日戇巨紳隸安福系而充國會議長者設盛筵款之謂將集資以營本省礦業某知其有異漫應之抵任未久城門山賣礦案作蓋安福黨欲間接以售諸外人爲黨中擴充經費也某卽託人達巨紳詞茲事體大不敢負責任巨紳以空言難之謂事成當爲營遷擢某志固不在此也俟議會及人民質問竟送礦照於省公署雖農商部申斥亦弗之顧而輿論仍多詆譏內復不容於段徐自請

辭職，去至今不得置頓或謂江西富竹產紙自歐戰作紙價增至數倍某上將欲營紙業攝元首日某以秘書得上寵故以是界之安福系素以某上將爲勁敵因並惡某使不得著手進行云

某甲自謂卒業於日本農學或則謂其文憑爲揑造某廳長初調之充科員事同官若前輩言必稱晚衆皆嗤之獨科長某乙嘗其卑鄙而乙則廳長媞心也甲仍謹事之而暗探刺其劣跡舊有劣紳某丙領照開礦中有鬼蜮乙實得其賄五千元衆無知之者至是爲甲所悉通信報館揭其事於報端地方紳民紛起應之爭攻擊廳長甲秘密請見謂事屬乙而公被謗某所不甘故已調查得其收賄月日及寄貲地點望立送之法庭某願爲證人以洗公誒廳長殊踟躕不能决甲曰若此則彼之行可也廳長喜如法爲之卽以科

長缺酬甲。既操事權。復出證据。咽愒某丙。丙再餽以五千元始已。皖北某甲。清宰相裔也。北洋派多出其祖父門下。甲以揮霍。變罄先業。投入安福黨。師賣城門山礦產法。議售其鄉某礦山於外人。黨中資以重金。令南下議辦實業。廳科長某乙爲運籌。偕之至滬。日共狎游。兩月費二萬金。又逝之蕪湖。數屣轉間。曾未半年。十萬元告罄。乙所入居其半數。同官忌之。言於廳長。廳長以詰乙。殊不諱。且曰。剋日即便令其奉三萬金爲公壽何如。廳長愠解。未三日。果如數以獻。蓋以行賕議員欺甲。甲方懼省會黑黨者攻擊。故奉酬無難色。然後以內外責難。事竟暫輟。而運動費二十萬。去不復返矣。

各關監督署

海關邅握之稅務司。爲監督者所得。則公費、撥餉、賠款、生息。皆以官銀號司之故官銀號委員卽監督之帳房也（滬商會總理某、卽袁樹勛任上海道時之官銀號委員、）其兼有常關者涓入徵稅權皆操於監督贏餘卽可入己故以兼有常關者缺分爲優民國成立各設專署分置科員不以地方官兼充職務極簡而歲入豐者仍不下十萬金然非有奧援難邀簡任但既任之後苟能循分自安不與稅司發生衝突亦可久於其事故稅司實不服監督節制而監督則事稅司唯謹也

鄂人某前清道員也以善饋緣入民國仍得爲營口關監督其當官第一妙法卽善事稅司對日本人之充稅員者尤恭謹其署中每星期必晏外賓然接客訥訥殊不能置一辭洋員皆笑之過商人有所求請則蹙額搖頭以權不己操對然所屬自科長至傭員無一非私人宜昌某君嘲之曰吾入君署

譏以爲禹王宮也蓋鄂人素以禹王宮爲鄉館其署員多鄉人而某則形若木偶猶宮中所祀之神也

科長科員無他私入故皆願調劑爲分關員但分關員缺亦有優劣之分大約地勢可放私便作弊者爲優初不視徵收之多寡爲準也邊省某關監督查分關過嚴支費亦多裁節衆員咸怨遇有偷漏漫不攷查奸商皆繞道赴之新關稅遂絀稅司有煩言某自負辦事認眞必無弊端竟與洋員鬨總稅司言於部處立免其職焉

其他專屬常關監督若鳳陽、辰州、夔州、臨清、諸關柄由獨操指揮如意善理財者一二年間即可致溫飽皖壽係某以張勳力皆任鳳陽關監督署設蚌埠某終年居京津在差不過歲一二月而已以其揮霍甚豪無餘貲然所親爲之計算叢賞急逋三萬金應酬費萬餘金私用浪費約四萬金是一年私入在八萬金上矣當清代馮夢華以鳳六潁四道總關歲入不及三萬金覩此殆有媿色

常關員司私入富者以驗貨員、簽子手、爲最地少偏僻者尤易留難某監督以釐局司事起家宿諳諸弊蒞事日條分縷晰指剖弊端以戒所屬以爲衆當洗心已未幾收數大絀細研其弊卒不可得恐以短收被議自請辭職既去官始有告之者曰公在位分關皆溢收絀獨在總關者何耶蓋分關減價招徠稅作六折故諸商爭赴之經總關時驗貨員與簽子手僉稱貨票相符公能逢貨得自爲查驗耶此而不能則分關與總關驗貨簽手通同一氣任何明察之監督其弊仍不能破也特利歸商人彼輩非深恨長官亦不輕用

此術某始恍然而已補救無及矣

近年來洋關發現弊端如關役私收商稅賣放私貨是皆弊坐華員者若江海關曾控告稅員某俄人種種營私舞弊是洋員亦不免矣近以禁販烟土弊竇尤多而各關監督絕不敢提議整頓者蓋以所轄常關亦魯衛之政或視此爲尤甚焉

道尹署

道尹者各縣知事之監督然環顧各省道尹曾有能秉公舉劾屬員者乎吾固知其無有也沿習至今道尹自道尹知事自知事除例行啓轉公牘外百事皆不過問故兼關監督兼交涉員之道尹職務少繁餘則安閒類請代之致職且鮮優缺所得公費僅敷開支非以其可升轉省長當無人樂就矣其

附郭省城者稱爲首道時與督軍省長相接勢力較重蓋於本職外必有兼差也浙人某任川西道尹時身兼五差人呼之二巡按又某道尹以兼充督軍署諮議乞省長調任首道省長弗允然某襆被駐軍署殊無去意催之督軍代答曰某挾醫術特延來診疾何催爲知其勢强竟與首道對調焉

道尹受省長委任監督所屬境內財政及司法此見之於公布者也然實際上稅員法官並不受道尹之節制己成爲習慣矣某道尹者以元首世兄弟之資格當淸代亦曾任監司抵任後苦缺瘠且宿累多乃納其快壻某甲之計實行監督財政知事署及稅局逐時派檢查員往查且大張示諭各縣徵收錢糧有於規定外多取一錢准人民立卽來署控告稅局若此商民亦勿庸隱忍不出知事果有致賄求涵蓋者而某稅局長因簡任職且曾充軍諮

秘書長匪特無所餽遺檢查員至時拒絕不聽檢查且多微詞一聞而大怒揭諸省公署請撤委省長不敢拔其中飽迹不可得衆問及他知事聞之皆效法所爲同倡盟不承認道尹之說遂播人口更怒請辭省長念其爲元首故人乃設法乞京部調爲某關監督焉

道尹遇緊要時間除呈省長外得一面逕呈總統蓋指非常變故言也閩人某任道尹署員皆其鄉誼聯合爲麻雀戲日設四局客十六人初局設署中嘗爲報章揭載乃賃屋署左偏開便門以通之適警察區員某少年好事受人聳恿夜分率警往捕諸員興方豪且輕其爲轄警衆中有謾詈者警員遽開鎗示威乃開門逃回署有踰垣遁者道尹聞署旁鎗聲方驚駭比見衆狼狽逃歸問故有答以警察生變者遽沿向例逕電總統事後幾罹重罪賴投

縣知事署

知事位卑而近民庶政蔑一非所司故弊端煩多然亦視省分而異略言之則北省知事威儀排場依然前清牧令而羨餘多提取歸公竟無腴缺南省表面雖非而缺分實不惡往日竟有視清代爲優者就蘇浙論浙又遜于蘇西南邊省以護法餉不免苛斂或有開烟禁爲籌餉之方者地方官因緣爲奸不無染指四川則不經手錢粮甘肅則完全清習就中唯山西一省官吏皆閻系以奉公守法爲宗旨他省不能望其肩背湖南官以賄得自不能不取之百姓故張敬堯轄境直無一良吏可尋斯則各省之大略也

聞之皖南某君曰凡任知事者第一要義則能聯絡境內武官可倚其力上

通信署則終身受用不盡次則能出資爲部民運動省議員又次則逢迎要紳若三者兼備指日道尹矣至教育界報界亦宜以餘力點綴署中養一二文士爲代擬實業計畫書或勸學演說辭若是則知事能事畢苟背乎此雖廉其守勤其事愛養其民終不能久任也誠有慨乎其言之矣某君固江蘇之幹吏也

凡幹吏其署中科員必有與本地紳民通氣者以備有事時爲斡旋也若汴省某知事遝委本地要紳子弟爲科員則尤異矣自洪憲倒幕議會復興輿輪少重知事果過受攻擊有輿援者他調無援者撤任其有輿援而痕跡太重者雖撤任不久卽他有調劑輿援爲誰本省軍官第一就地巨室京中大老第二省議員第三也利害若此故民國地方官以敷衍二字爲秘訣欲求

其破除情面難矣

某甲任東省知事聽訟則索賄徵稅則搜索獨對於縣內諸團體如學會商會之類則異常優待幾於有求必應人叩其故曰預備撤任時囑此曹以公呈留我也已而果然商會總理致爲縣人唾辱云

知事某甲請委其舅乙爲承審員乙以老病諸獄皆甲自斷當理一械鬭案得賄萬元乙知之諷以所判不公意在分賄也甲怒呈省撤換乙瀕行邀紳商學諸界茶話盡舉甲贓私以告衆大譁笑甲聞竟遣警拘乙禁之各界不服擁入署釋乙出護之至商會而其人老邁且氣忿至卽遽殂衆大駭甲乃飾媪爲其舅母登商會總理門索賴閙破費至二千金甲得其什七焉某甲任知事所治大商埠也有奸商暗設烟膏店月以千五百圓餽縣署及警佐

等。衆聞而惡之。舉某巨紳。呈准省公署。組織禁煙局。不受知事節制。方著手。破其弊。竇而烟商已具二萬元。乞甲爲抵制。甲乃出萬元。運動省公署。取銷前批。謂禁烟爲警察。及自治區責任。不必另立機關。自是月賄增至二千元。知事猶得千元津貼。選出之省議員三百元。餘七百元。則警察董事均分之。

某知事兼警備營。務處。以其叔祖任省公署秘書長也。以苛刻爲紳民所惡。嘗假修河議。加畝捐。而委其妻弟爲工程員。衆愈不服。一日議事公所衆面詆之。怒甚。歸以營務處名義。宣布戒嚴。發警圍自治會。指紳士某某爲亂黨。縣民大駭。逃者紛起。後爲人民所控。批道尹查復。以叔祖力。僅以悞聞譌繇。臨事張皇。撤任。未幾。復出任某貨稅所所長。

紹興某甲。以醫起。督軍公子疾。得任某縣知事署中科長。科員等。牛會垣。折字起課之流人各給薪三五元不等承審員則其從子乙曾爲軍隊書記者也月畀以十二元以此刻削中飽公費甚豐喜而告人若此更不必覓意外財矣故賄賂不入然諸人實無賴烏能安貧竟聯合乘甲臥病盡捲其衣飾財物以去（甲喪妻故無眷屬）中並有徵存萬餘金唯承審員以醉臥未預謀甲終疑之收繫諸獄乙忿服毒死甲亦隨殁計其在任不踰三月也或見所爲呈文有知事所學者包公也斷盡奇案又到任告示有青天已到告狀者速來又門聯曰共和大國大一統無所不大清正知事知百里何事弗知皆其科長某素賣卜號稱言必中者手筆也

南省某知事私刻官紙以漁利蜀中某知事假鑄徽章取富民人財廣東某知事以救災私發奬券湖北某知事官販私鹽浙江某知事圖賴經徵經費

爲人扭控於上海此皆近事之可笑可恨者也

貨稅所統捐局

是皆厘金之變名百弊叢伏等於清代唯值米禁期中能賣放大宗私運數萬金可以立致則清代委員所無也其膽大者幷敢賄放私土故米禁煙禁愈嚴稅局弊端愈大其大局希冀留差者枯月則籌款墊解亦有由司書等湊資者然不免受其挾制矣上海貨稅所一塡票司事月薪不踰三十元而實入在二百以上朝夕狎飲鉅博若豪商則其所長可知然是等大局應酬至重所得亦未必盡能入己也

民國稅制省自爲度惟局卡之密視清代蓋加數倍初以爲偷漏不易矣孰知水則船戶包運可以賄免陸則繞道越卡可以賣放故局愈多則弊愈煩

湖北平善壩稅局向專稅土藥近則兼收百貨其查貨之嚴甲於各省一簽子手歲入在二千元以上謀充是役者非預費千金不可某局長抵任議盡裁舊役意在索賄也衆無應者遂一律更換未二月稅收大絀蓋商船夾帶藏法奇妙非熟手查貨必不能知其處所故此輩盤踞把持雖精綜覈者爲之長亦無可何也

某省自督軍假託護法大開烟禁鬻金收入驟增所塡厘票上書山貨若干件騎縫上有一小虞字其眞山貨則無虞字厘員舞弊者則私刻虞字票以給商人唯須與經過局所通氣方免截驗故其地雖瘠苦而厘稅員私入獨豐焉

某省當清代已行統捐銷場值百徵二出產值百徵一五其法按旬由商店

以簿記呈局核明納稅順天某甲任局長時按稅規九折實收七折塡票商人樂得一成免稅其二成則入私囊若零星稅款仍照章徵收塡票故風聲不露而兩年得七萬元以歸

浙人某都督族人也任烏鎮統捐素吸煙以秘密外人無知者文牘員任某乃設危詞以恐嚇之某問計對曰公時駐滬而託言在省居都督所庶無他虞某從其策自此局權皆落任手年餘腰纏纍纍而以多金恣縱竟吸烟日須數錢焉

高等審檢地方審檢廳

法官舞弊自光復以還數見不鮮矣承發吏書記法警無一不可通賄賂尤甚者則承發吏大約不肖者居其什八推事以上奉公守法者固多而交通

律師或直接納賄者亦復不少其見諸報章者已指不勝屈今特摘其爲人所未知者數端以饗讀者焉

某商埠審判廳著名弊藪承發吏歲入至每人千餘金二千金不等留美學生某甲任廳長涖事日卽布告招考承發吏謂舞弊者革除缺額以考中者充補不受私薦照示大公報名者數百人及考試後又定期口試衆已少少疑之蓋取吏何重文字耶迨口試後諭衆曰三日外榜示已而數改期至年終始發表則取中八人無一非以賄得者衆大嘲笑其弊一也

某甲任高等廳長預囑某內兄設旅館於法署近地宿膳費視他店減半蓋藉爲通賄機關也凡控訴人至省咸宿是店店中人卽爲說合幾於無案不行一年餘所得已鉅萬忽出示謂訪聞旅館主有招搖情事當傳訊而館主

己先期遁矣未幾甲亦調任其弊二也

某甲任推事以辯才稱同官忌之乃暗偵其陰事則得判決某姓家產案事後曾得其餽遺乃設法告之訟負者傳言將提起上訴甲不爲動則囑訟負者逕以函徵之甲卽據函送檢察官起訴謂是有意索詐者而訊得賄無證據投函者竟坐罪其弊三也

某丙任書記官長而以其戚誼爲承發吏內外勾結在家置二人抄繕文件備人探問分別輕重以索賄賂其弊四也

破產案件若執行拍賣弊竇尤大如某省有木商某丁破產負債二十餘萬肆中有貨値三萬而各山定貨照原價則値銀四萬餘照市價則値七萬丁戚某願以十萬承受其產法庭不允賴律師某說合外加法官萬金始爲所

有其弊五也

地方廳判決不服當上訴於高等廳故地廳必與高廳通氣駁雖不能以情理爲準而期限手續規條種種故准者可駁而駁者亦可准往四川某地方廳長高等廳長習法政時之教員也以長者自居狀涉傲慢而自是上訴案什准其八每准不撤銷原判其判決書駁詞犀利多予人以難堪時在四年前一離婚案地方廳認清代新刑律爲有效而高廳則引案比證謂久已無形取銷其弊六也

地方警察廳 水上警廳各縣警佐附

省會及緊要商埠例設警察廳其職任則受省長或道尹之指揮監督辦理警察衛生消防等事務也然任廳長者恆聯絡武人有寵於督軍或奉省長

為上官道尹則絕無節制能力也蓋其人多已晉勳位列中少將少遷則全省警務處長或鎮守使若滬廳之徐國國且鄙山東警務處長弗為而津廳之楊以德且為段門健將又月俸雖薄而私入甚富苟不取外款則計廳長正入尚不敷其汽車費也凡置廳地方非有督軍即有護軍鎮守使廳長當納贄門下否則與參謀副官長聯盟此關既通官運必亨再以餘力恭維省長聯絡諸團體交通言論界則八面玲瓏無往不利矣

警察辦事秘訣除戒嚴時代防範亂黨外餘俱以敷衍二字了之蓋若按照違警律事事認眞則必開罪長官巨室及各團體譬如租界巡捕嚴搜行人痛責車夫是其常事若內地警察仿行之煩言立起報紙亦從而譏詆矣故著者遍遊各省見省會商埠警察於保安衛生則以經費不繼絕未講求正

俗則以畏勢畏譏不敢管理終日立街頭若木雞然見有鬥毆或滋事者則移行他處以避之是皆奉長官戒也求如光緒時間天津警察之精神蓋已渺不可得矣

歲支警餉馬乾軍裝器械諸費一廳恆數十萬十數萬不等廳長生財之道自多其警正以下則以烟賭等項爲大宗規費若未設工巡局地方各項雜捐幷歸廳收而建築給照築路發價等項尤便上下其手斷非清代巡警道警察總辦所可擬也

烟禁爲巡警之利源除山西外大約各省皆然而內地諸縣尤甚以報紙不致訪登而愚民可任意私罰也又有一種流民專以訛詐私土爲事或更冒充警察此則實足分利故明幹警員下車伊始必盡收此輩爲之用其奸商

以原力組織販土挑膏機關者恆在商埠地方事前必交通警察按月包賄若干暗中為之保護但有一二家歲賄便成鉅萬對於零星私土務從嚴偵察以報其酬猶前代官府既納鹽商餽賂必為之嚴懲私販也

消防事務有歸民辦者有歸警辦者歸警辦者附置消防隊某省會警廳長以其庖人某甲充消防隊長缺額侵餉購辦器械軍裝中飽大半廳長得什七甲得什三有言於省長者頗申斥廳長然經年會垣無火患遂聽其舞弊自私焉

商埠警察有接近租界者須與捕房通氣辦事乃順手故對於總巡捕頭之繙譯華探之頭目或給以乾薪或時通來往庶臨事可免隔閡

各鄉鎮警區生財尤易為警官者苟能逢迎巨室則烟賭規費取之無礙浙

江硤石某商人稱之爲硤石大王凡任其地警官者必先卑辭厚幣以奉之然後任事方無阻礙杭人某者對大王獨落落後卒以納賄事繫禁耐其嫂爲營救始得釋

水上警廳轄境綿長製備船械視地方廳尤便作弊某任廣東第一水警廳長駐地爲番禺僅二年積貲三十餘萬龍王部下要人也又某任四川第二水警廳長甚至串販私鹽分取賊贓某任浙江外海水警廳長終年安居四明苟游杭滬則借名出巡偶以海盜倡獗擄及外人嚇甚親巡於鎮海部下故作驚惶謂盜且至某即脫去制服裝束如水手焉蓋使盜不注目以便逃逸也

此仿前清之巡防營制。所以補警力之不足。以備大股盜匪者也。爲省長所轄。合數營置一統領。統領可侵餉。可借緝捕以漁利。壽州人某以楊善德薦充浙江溫州統領。其部下皆皖北人。發審員陳某日吸烟須銀十元。大作威福。以索賄賂而壽人爲拐販者尤多。亦皆入其隊中。以此控案疊出。省長不敢撤。迨善德死。始另易他人。一方稱慶焉。又某乙以五千金投張敬湯門下。委充湖南某地警備統領。竟縱所部大掠而諉之土匪也。又河南某警備統領。以孌人杜姓充營官。衆論不服。將鼓噪。某竟積衆自設誓。謂杜乃其世弟。並非孌童。人莫不匿笑者。

鹽運使署

運使。缺分長蘆。兩淮。爲優。四川。兩廣。次之。浙江。河東。福建。山東。等省。又次之。

場知事等歸其委任緝私營隊歸其節制且不受地方大吏干涉可謂利權並擅所畏者獨稽核分所之洋員耳故幹吏必以接交洋員爲先務得其歡噓或可以內擢署長其委用知事先儘部署所薦後之私人下等缺則以應酬本省文武大吏閩人某以督軍力即任其本省運使親戚族鄰爭求委任關於其署招警察入始解圍又自清季淮鹺之權移至十二圩督銷故運使缺漸瘠入民國後始復往制是皆張岱杉聯絡洋員力也以分稽核耳目近其他中飽侵漁弊自較少

造幣廠

銀銅局在清代即爲優差以薪水之外有紅可分也贏餘多者督撫署年終亦提若干成以奉之今則利皆歸廠且各省分廠裁撤者多現僅有總廠一

設之天津分廠六設之江寧瀋陽成都漢陽廣州昆明外則河南有銅元局
廠愈少則利愈專故今之廠長遠勝清之總辦但民國幣制較爲劃一若清
代吉林等省所鑄之銀幣當不致復現然銅元則厚薄輕重猶可任意鑄銅
元愈多則利愈厚每購買洋鈿不但廠長得大宗賺款卽采辦員亦所護不
資每廠分總務鑄造化驗三科而實權則廠長與總務科長技師三人勻操
之有廠長卑視技師後鑄幣力爭成色不少通融至年終竟無絲利可分云

官場百弊補遺

京官例得冰炭敬。沿習已久。各部署辦公室裝置煤爐。則始自清季度支部。垂及今日。交通部乃獨擅其利焉。自九月杪。然爐至次年二月杪止。煤由京綏鐵道運京。不取運費。較之市煤價賤六七成。初則專供部署。繼而凡交通人員私邸。皆用是煤。再進則製爲煤票。以餽親友。農商部羨之。起而與爭。謂鐵道屬交通。而煤礦則屬本部也。亦復言之有故。持之成理。終當有所分潤焉。

往者津浦鐵道租車。係由日本漢森公司承辦。共租篷車二百輛。每日租金四元。以十五年爲限。到期該車仍歸漢森公司。然核計車價。每輛價值不過四五千元購入不過百萬元而每車每年租金至一千四百四十元年合二十八萬八千元十五年需四百三十餘萬元而車卒不爲我有經手此項者謂毫無弊端人其能信之乎又彰德至石家莊鐵路爲京漢津浦兩路間之重要幹線歷年議案均主張國有突有商人曹姓呈請承辦部竟核准或者謂曹卽曹汝霖雖無確據而中有黑幕則不問可知矣又京奉路某站長呂姓以侵款撤差爲時未久忽委充東三省電政監督其實呂絕無電政知識世謂交通部爲弊藪舉上三端可見一斑矣至其部員而分花紅津貼光復後議裁革而次長王姓獨反對首先領用衆皆效之弊遂莫挽

留學生之獵得膴仕者囊橐既豐初以交接外人須以骨董書畫爲餽繼則已亦搜古求珍若曹汝霖之流舉自命博士兼美術家也故都門古玩字畫

價大增行賕買官者有時亦藉力於此為此則京官之雅者降而品題男女優各奉黨魁撰為側豔之詞以相誇炫其在劇館擊掌高呼如飲狂藥毫不為怪又有一輩則孜孜談利純然買辦行逕而外債或資厥力故其位置恆優

外官則分發各省之簡任薦任職日益擁擠非奧援賄賂則十年不得一差故昌言運動絕無忌諱桂人某錢幹丞門生也曾權本省某道尹既而以簡任職發浙仗師力而寧波統捐海寧知事然其人實庸妄無何錢閣倒某亦撤任虧公款至四萬蓋考績報最之法不行於民國惟恃金錢勢力欲知事之盡心民事顧安可得又浙人某以名家子權湖北江寧知事頗愷悌得民譽而新省長欲另易私人竟懸牌調任上游總司令吳光新見而不平力

爭於省公署始暫留任焉

各省舉行吏治課以津貼窮員最優等月可得三十元凡數試第一者可得差委然非有人情及工運動者亦不得列第一浙省以首道兼吏治研究所長其人除探刺督軍省長好惡以進退屬員外他無一能人稱之爲泥塑道尹又有自信絕不能文者則包人鎗替無論取弗取月給以數元此惟新到省者可行其應鎗者則無聊之酸子也

浙東某君素負清望及爲某省政務廳長碌碌隨人著者怪而叩之蹙額對曰行政莫要於用人而今日文官受制軍人凡所囑託百勿一拒而軍界中之佔勢力者又皖北人爲最多其地風氣一人服官九族皆升蓋始自合肥文忠公時矣故一督軍署軍官課員百餘彼之親戚族鄉寡黨畢至皆思噉

飯於政界於是省公署、財政廳、菸酒公賣局、苦矣。不觀參謀長某非巢縣籍耶。今巢人之在本省政界者儼然乾隆朝之張姚兩姓也。孰從而言治理乎。余亦爲之太息不已。

絕良補品

自來血

大瓶二元每打二十元
小瓶一元二角每打十二元

功能補血生精開胃健脾滋陰潤肌療虛益損長精神培原氣烏鬚髮壯筋骨爲世界唯一補劑

清血解毒

海波藥

每瓶二元每打二十元

專治一切花柳毒症新舊蘊毒如筋骨酸痛膿瘡腫痛潰爛成穴下疳橫痃魚口便毒以及各種險疥疔瘡金錢惡癬皮膚濕爛諸瘡兼治婦女月經不調赤白帶下子宮內爛等症服之必能搜除淨盡非但諸患消滅且從此血液清潔紅輪滋生而體力加强健矣總發行所上海五洲大藥房

官場百弊 有引

觀渡閒人

今之人猶古之人也今之官猶古之官也然古人爲富而仕今人爲貧而仕爲富而仕者欲以官耗其資財故力圖國利民福爲貧而仕者欲藉官飽其囊橐故但知殖黨營私是其爲官也雖同而所以爲官之志趣固已判若天壤矣或謂今人不逮古人其言豈虛語哉且諺有三百六十行行行有弊之說所謂弊者損人利己之謂也吾意一般社會之弊竇殆半皆係個人與個人或一部分與一部分之交涉是其爲弊也猶小者官僚則皆享四海之奉攬無上之權軍國大事彼實決之是其爲弊也足以危害邦本戕賊兆民蓋弊之至大且劇者也鈍公以官場爲百弊冠殆有深意

存焉予也不才亦嘗為委吏矣故於官場種種之流弊知之特詳然弊端千萬紛亂如絲不得不藉一人一事為綱領因而旁及其他現時在野之鉅公徐某綽號徐矮子者即暗地操縱時局者也茲特將此公半生行實告之讀吾文者雖曰未窺官場內幕之全豹亦可以見一斑矣

徐某人也身長不滿四尺而狡詐百出心雄萬夫御下至為嚴厲雖至細極微之事亦必再三審慎不使在下者稍占便宜先哲所謂察及秋毫者徐氏有焉顧雖如是彼對於上官尤能吮癰舐痔曲盡恭維之能事試觀予下述各節當能信吾言之非妄

此公出處言人人殊有謂彼來自田間者有謂彼出身商賈者亦有謂彼祖若父皆曾任閒曹散職者究竟何者屬實下走亦難斷定然此事無關重要

存為疑問可也今宜述予所應屬之事矣前此六七年徐為交通部僉事職非顯職然處於承上啓下之地位佐以徐氏靈活之手腕故入款至豐據彼親信人云爾時徐氏之入款一歲可數萬金正當俸金不過十分之一餘皆來自外間試叩以生財之道則不外為交通部所轄機關之人員（如輪船局郵政局電報局鐵路局等類）作居間者大抵此項人員在差者遇有舞弊情事為人所告發或為上官所察覺於此而欲保全其位置或欲求末減無差者欲求占一席地均不啻授與徐氏以絕大索賄之機會蓋彼自到部以還對於分所應治之部務百不縈心惟以逢迎上官聯絡同事為唯一宗旨此無他不過欲闔部上下之人與彼融如水乳因以遂其居間之事耳彼具是魔力遂爾隨心所欲無所不能故對於一般待罪之人員得賄則以事

出有因查無實據等字樣爲之開脫否則加以似此如何如何（卽貪汚枉法之類）若不從嚴懲辦何以警既往而勸來茲等字樣使受重創又雖在平時亦嘗向各該局所私索月費苟或不予則遇事百般挑剔雖呈文字中略有一二省筆或挖補或措辭徵欠斟酌亦必慫恿上官加以申斥人虞其從中敗事亦唯有出錢買安耳彼既藉是術以羅致金錢更藉金錢之能力以保其位置每月除酬應費家用外餘錢悉以供揮霍緣是八大胡同間（一京師官娼聚居處）無日不見此公之足跡偎紅倚翠選色徵歌爲樂固未有艾而樂極生悲竟因狎妓餘波致使毒瘡遍體如是矮子先生遂得大瘡僉事之徽號其後居間事發某總長欲科其罪矮子急懇權要羊某力爲緩頰始得以撤差了事未幾爲京東某縣知事下車伊始首嚴禁賭博之布

告然而知事公署中固無日不叉麻雀也讀者試思以如此狡滑無賴之官僚安有不刮地皮者故到任未及朞年復以貪墨解職攜眷返都門賃住椿樹頭條(街名)某號宅其妾寶珍蘇產也曩年曾在韓家潭賣淫故京人多識之者內務部次長吳某卽爲彼舊時狎客之一偶相值於公園或劇場輒復笑與攀談冀重溫其向日璧歡之舊夢寶珍慮徐氏知而見責勉答三數語輒逃然次長續舊之心猶未已也或有以此中事告徐者徐聞而大喜謂此事果確吾又且慶彈冠矣或誤解其語意胡盧而去徐入問寶珍曰聞汝識內務部吳次長信耶寶珍慚懼不能答徐笑慰曰卿毋爾卿果與渠有舊吾尙有求於卿因附耳授以方略寶珍笑頷之他日遇次長急以笑頷迎之遂偕往某飯店夜午始散自是時作幽會情好甚密有時且邀吳至家背人

作團圓夢吳既習慣自然遂亦視爲常事一夕復往正歡笑間一傖儒忽破門入蓋郎徐矮子也吳與寶珍皆失色矮子暴怒如獅吼臧獲捉將官裏去吳急哀免言願以千金爲壽徐怒視吳面佯作駭狀曰我謂伊誰乃次長耶立揮臧獲出屈一膝曰適間冒瀆乞原宥小妾獲事次長幸莫大焉如不見棄郎以奉贈何如吳喜出望外顧慮其詐弗敢應矮子疾聲曰公毋猶豫徐某不食言也即呼臧獲治夜夜海錯山珍咄嗟立辦徐肅吳就坐已與寶珍坐於側履襪交錯主客盡歡撤席後徐即爲吳道晚安反扃其門而出吳心雖駭愕顧無如何遂安之翌晨赧然興辭徐詢以藏嬌何許吳不能答固問之始囁嚅曰僕寓西四牌樓某號宅徐笑頷之比夕竟以馬車送妾往吳內不自安遂以某處道尹兼海關監督酬之矮子如是乎大得其所緣該關既

屬名關其道亦非小道他人欲求其一不可得矮子兼而有之是安有不發財者彼初視事時亦復猶人惟於歲杪使用一種特殊之手續籠絡關署人員使爲已盡力聚斂其法係於夜靜無人時密呼一司員至袖出朱提授之曰歲聿云暮雨雪飄搖吾知君無力度歲敬以此數奉贈不足爲外人道也此司員感謝去另招一司員至仍以前法待之如此者數夜署中當事人員已無一不墮矮子術中矣在各該司員之意以爲監督獨厚於己己不可無以報之如是徵稅防維無所不盡其力既無偷漏之處更無以多報少之弊以故每值月晦結算稅資時往往較其他監督任內多至數倍比較固極其優異監督之腰纏亦已盈滿諺云名利雙收正矮子此時之謂矣矮子既富不復安於下位如是輩金入都日周旋於奚某梁某羊某王某（按皆項城

幸臣）之左右婢膝奴顏無所不至未幾遂拜某省巡按使之命一行作吏九族尊榮緣是矮公起節時乃有五虎將隨往五虎將者即郭宏勛黃格庵王大海麻繩武徐孝候也矮子蒞任後以郭爲警備隊總司令黃爲財政廳長王爲實業廳長麻爲秘書長徐爲第一科長之五人者胥爲矮公之義弟正當學問係得皮毛吹拍工夫乃造峯極渠輩與矮公聯爲昆季詢可謂難兄難弟也吾前不云矮公之爲人精明强幹事必躬親不使在下者得便宜耶今試舉一事證之渠自京師起程時奚梁羊王諸公各以親友之名條交矮有三五人者亦有八九人或十數人者約而計之無慮百數就中以縣知事爲最多餘則軍界人物亦間有爲小司事長隨者矮公蒞任之始一時無從位置因派員巡視各縣名爲考查縣治實則吹毛求疵冀消納其夾袋中

所藏人物是固官場中恆有之事不足爲矮公責者惟此項巡閱委員舟車一切之費用例應出自公家矮公慮委員藉此浮冒開支因定一特別限制凡委員所有支出之款項概以得有蓋章之收據爲憑否則不生效力以理論之此等手續誠爲公允辦法然實際决難做到例如出坐舟車付款時但能易得舟車之客票並無所謂蓋章收據者且此舟車客票乘坐後亦爲收票人收去决不能留爲客人用款之證據又如僱夫搬運什物例應與以工資此輩苦力畢主未見名章之形影欲彼於收款時出一蓋章收據怨天下無此辦法（餘事可以類推）今矮公竟定如此之限制名爲重視國帑實無異逼令委員貼錢辦事獨不思如此辦法爲委員者果爲潔身自好之士則必不能奉命反是則於沿途索賄於各縣正不患不得大宗之入款又何恤

於區區旅費哉矮公生平治事類於此者極多此特舉其一耳某月某日矮公方與王大海共坐閒話忽有一臧獲倉皇入白謂主母新自北京來暫住於某某街某旅館乞主公着人迓之矮公怒叱曰蠢奴無目主母見在內室又安有所謂主母者此必女流氓招搖撞騙可令警察廳派警驅之臧獲諾而退徐私謂王曰渠意爲誰吾思必香妃也大海搖首曰香妃與幼箏情好甚密恐未必念及我公今來此間者必爲阿翠無疑矮公疾聲曰豈謂天橋(北京地名)唱大鼓之賽寶翠耶大海微頷曰想當然耳徐愈駭曰此女頗不易與且爲奈何言至此又一臧獲入白謂夫人在棧發怒果主公更不遣人往迓者彼即乘肩輿來與主公理論矣矮公駭極欲泣大海笑云公勿懼公但不惜巨款弟能爲公遣之徐問幾何大海曰萬金足矣徐有難色大海

作沉思狀伸五指示徐曰然則公給此數再少則弟亦難爲力矣矮公無語立給五千元支票命往財政廳支錢大海欣然領命去徐心仍戚戚誠恐賽寶翠不允則來日大難正不知作何了局也明日大海來言寶翠怨公薄情且給資少故憤不能平經弟百計勸導頃已安然北返矣徐聞而大喜厥狀如釋重負此渠居官時之政績也而與彼相依爲命助桀爲虐之五虎將亦各有其特殊之政績足爲我人作文之材料但限於篇幅實不能一一詳載耳憶徐視事匝月之一日讌僚屬於公署五虎將咸在座中酒酣座客縱談往事以爲樂有言及軍事者黃（格庵）因盛稱某少將（時爲該省軍署參謀長兼任清鄉司令）功績謂渠曾以五百人破匪巢數處歸時馬項懸人頭數十貫爲積匪首級雖古之飛將軍恐亦無以過之言時睨郭（宏勛）微

笑意似貌之蓋黃與郭同莫逆時因爭狎一妓遂如水火勢不相入爰當大庭廣衆中遂談某少將事譽某郎所以諷郭也郭揣知其意因大言曰此何足異矣吾以七千兵守潯陽贛軍十數萬始終不敢犯境此豈某少將夢想所能及耶麻（繩武）向無酒德醉後恆不擇言因笑謂曰然然微將軍（郭係中將故麻以將軍稱之）鎮守潯陽袁項城猶欲稱帝不可得也座客皆大笑郭不能堪因怒叱曰腐儒安敢嘲我豈謂吾劍鋒不利不能斬汝頭耶言次旋以熊掌拍然有聲麻痛且恚亦以酒瓶投之郭頭觸瓶竟釀出極之紅酒痛恨之餘欲以手槍報復羣客勸阻均無效公慮將釀禍厲聲呼喝曰汝二人欲造反耶須知吾爲省長有約束羣僚之權決弗聽汝曹滋鬧卽論私誼吾爲汝曹之兄亦有干涉之必要今宜聽吾言安坐暢飲敢再違抗

者吾嘗命人縛之郭麻無奈勉强移席而散讀者當知之數人者皆一時有名人物或爲行政長官或爲統兵將帥今竟在席間演出如許怪劇則其平時之所爲當然不問可知吾書至此雖欲言不忍言矣噫

敬啟

『民國專題史』叢書，乃民國時期出版的著名學者、專家在某一專題領域的學術成果。所收圖書絶大部分著作權已進入公有領域，但仍有極少圖書著作權還在保護期内，需按相關要求支付著作權人或繼承人報酬。因未能全部聯系到相關著作權人，請見到此説明者及時與河南人民出版社聯系。

聯系人　楊光
聯系電話　0371–65788063
2016年3月28日